AFV モデリングテクニック エンサイクロペディア

基本塗装とインテリアの演出編

アモ・オブ・ミグヒメネス／著
アーマーモデリング編集部／訳

大日本絵画

はじめに
Introduction

　私が初めて作った模型（インジェクションプラスチックキット）はイタレリのクルセイダー Mk.Ⅲでした。

　ボックスアートはフランシス・ヴァーリンデンによって塗装された完成品。当時の私は、まだ彼がどんな人物であるか知りませんでしたし、彼がどうやってそのクルセイダーを塗装して、ウェザリングを施したかなど知るよしもありません。

　1983年当時、モデリングはまだ未知のものでしたが、若いころの私にとってこれほど楽しめる遊びや趣味を他に見つけることができませんでした。組み立てが終わり、グリーンのパーツ成型色のまま形となったクルセイダーを見ているだけで満足でした。基本塗装をする知識もなく、持っていた塗料も学校の授業で使った品質の悪いアクリルカラーだけ。これはとても濃度の高い塗料で、筆などで塗装すれば細部のディテールを塗りつぶしてしまうだろうことが、当時の私でもわかるぐらいでした。

　もちろん、そのころはエアブラシという素晴らしい道具を知りませんでしたし、持っていた筆で正しい塗装をする方法も知りませんでした。当然、そのクルセイダーは未塗装のままデカールが貼られることとなりました。塗装をしたほうがいいことはわかっていましたが……。

　じつはこのクルセイダー Mk.Ⅲが、のちにプロフェッショナルモデラーとして数百という数の模型を作ることになる私の、初めての完成品でした。

　時代は変われど、模型をはじめたばかりのモデラーにとっての問題はいつも同じです。そのことを忘れないよう、今も私は、ルーツともいえるこの頃作った作品のことは忘れずにいます。

　さて、雑誌や書籍などの模型関連の出版物は、ついついビギナーのことを忘れがちになる傾向があります。

　しかし、ビギナーの皆さんはこの素晴らしいホビーへ身を乗り出したばかりの大切な存在であり、模型業界はこうした人たちを取り込んで、常に進化し、リニューアルし続けなければなりません。毎日さまざまな年代の人々が模型製作という趣味と出会っていることでしょう。そして、そのほとんどの人が、10年、20年前にベテランモデラーが経験したような、同じ問題にぶつかっているはずです。

　もちろん、経験の長いモデラーであっても失敗することがあります。それも高度なウェザリングなどではなく、基本塗装や、サーフェイサーでの下地処理など、製作や塗装の初期段階に発生することも少なくありません。

　基本塗装がしっかりと塗られていれば完成品のレベルを高めますが、失敗すればその模型自体を台無しにし、作る気力さえ奪います。強い梨地になってしまった塗装面や吹きこぼしなど、頻繁に起きるトラブルも数多くあるのです。

　しかし、あらかじめちゃんとした知識さえ身につけておけば、起こりうるいくつかの問題は防ぐことができるようになります。例えば、種類の違う塗料同士の相性などを理解しておくこともそのひとつです。

　また、もっと基本的な、重要な要素もあります。たとえば車両塗装色の選択。現在流通している模型塗料には多くのブランドがあり、それぞれ独自の塗料をラインアップしています。そしてそれぞれが、同じ目的の塗料を同じような名前で発売しており、そのうちのどれを選んだらよいのかという悩みで頭を抱えることもあります。そうした塗料の多くはメーカーごとにバラツキがあり、同じ名前なのに似ても似つかない色味が販売されている状況といえるでしょう。

　ですから、モデラーは正しい情報を入手して、それらを塗料の選択に生かさなければなりません。

　さてさて、AFVなどの模型を製作する際のもうひとつの基本的要素が、車体の基本塗装を行なう前にその内側へ組み込んでおかなければならないインテリアの塗装と仕上げです。これは非常に注意して進めなければならないステップでもあります。

　少ないとはいえ最近のトレンドとしてインテリアが完全に再現されているキットが増えてきているのも事実です。それらの筆頭がミニアートやタコム、ライフィールドといったメーカーの製品です（訳注：近年はモンモデルなどもそうした傾向）。これらのメーカーは、最新考証によりとても精密にインテリアを完全再現したキットを揃えはじめています。

　これらのキットを使えば、廃棄されたり、破壊されて内部が露出している車両も再現できるようになります。ほとんどのモデラーが製作するであろう「生きた車両」を作る場合に、フィギュアを活かすようにハッチを開いた状態にしたり、単純に見所を増やすことにインテリアは活躍します。

　ところが、戦闘車両の内部はとても複雑であり、せっかく精密に再現されたインテリアであっても正確な色で塗り分けられていなければスケールモデルとしての意味がありません。

　インテリアの各部は、それぞれ使用している国の軍隊や時代により異なる塗色だったりします。戦車だけでなく、トラックや軽装甲車両などを加えると、相当な数の色の種類となります。これらを完全に実車同様に再現したいのであれば、大変なリサーチが必要となってきます。

　一方で、インテリアが再現されているキットはまだ少数で、そうした工程を練習する機会もなかなかありません。つまり、失敗から学ぶ機会も必然的に少ないのです。

　本書ではそうした将来的な展望を踏まえ、車両の基本塗装だけでなく、インテリアの塗装、ウェザリングによる演出方法にも多くのページをさいています。

　それでは、各工程を一緒に見ていきましょう。

アモ・オブ・ミグヒメネス

目次
Index

1　AFVモデルの塗装材料
1.1　製作用の工具と塗料 ……………………………… 6
1.2　塗装をはじめる前に ……………………………… 10

2　インテリアの塗装と仕上げかた
2.1　車やトラックなどのインテリア演出 ………………14
2.2　AFVのインテリアの場合 ………………………… 34
2.3　エンジン部の塗装とウェザリング ……………… 52

3　AFVモデルの外装の基本塗装
3.1　パーツの準備 …………………………………… 68
3.2　エアブラシ塗装 ………………………………… 78
3.3　サーフェイサー ………………………………… 90
3.4　プリシェードとベースコーティング …………… 96
3.5　エアブラシ塗装でのエフェクト ………………… 108
3.6　マーキングと記章 ……………………………… 124

1

AFVモデルの塗装材料

1.1 製作用の工具と塗料

1.2 塗装をはじめる前に

1.1
製作用の工具と塗料
Tools and Materials

　プロのような塗装仕上げを目指すためには相応な工具やマテリアルをそろえることが必要になってきます。はじめに、エアブラシと筆、そしてさまざまな種類の塗料とそのうすめ液について紹介しておきましょう。

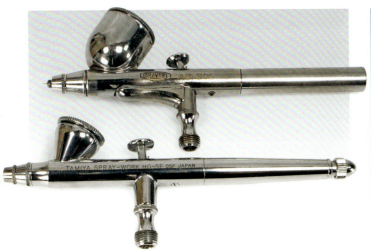
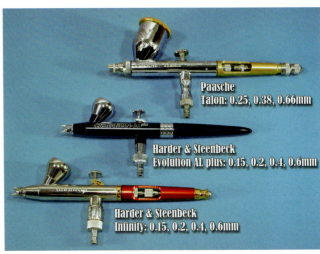

1. エアブラシはコンプレッサーとともに模型塗装に使用する基本的な工具です。1/72、1/48、1/35などのスケールでは0.3mmのノズル径を持つハンドピースでも充分基本的なカモフラージュ塗装が可能です。さらに0.2mm径のタイプがあると、細い不規則なラインや斑点パターンの迷彩塗装などのこまかなエフェクトを表現する時に便利です。とくにミニスケールのものを塗装する際に、その効果が大きいと言えます。

2. 比較的高価になりますが、口径サイズの異なる複数のノズルが付属し、必要に応じて交換して使うことができる製品もあります。0.4mmのノズルなどは1/24や1/16といった比較的大きめのスケールモデルを塗装する際の時間短縮にも繋がります。後の章（3.2.4）ではエアブラシの掃除とメンテナンスの方法を詳しく説明します。

3. エアブラシに空気を送り込むコンプレッサーも重要な機材のひとつです。種類もいろいろありますが、最初は一般的にも模型用として販売されているものを選んでみましょう。画材用などの大型なものに比べて空気圧は低めですが、模型を塗装するぶんには充分です。一般的にエアタンクが付いていないタイプが多く、モーターが絶え間なく作動し続けるので、音が気になるかもしれませんが……。

4. 充分なパワーとタンクの容量を持ったタイプのコンプレッサーが、間違いなく模型塗装に最適といえるでしょう。通常のタイプよりは高価となりますが、静かな動作、塗装スタイルに合わせた空気圧の調整ができるなど、利点も多くなります。

5. 筆も模型作りには欠かせないツールのひとつです。サイズが違う丸筆と平筆が必要となります。平筆はサイズ2、4、6などが通常使用するにはよい太さでしょう。丸筆は平筆より多くのサイズを揃えておきましょう。可能であばサイズ4〜5/0まであるといいでしょう。購入時には穂先がしっかりと整っているかなど毛の状態を確認するといいでしょう。

6. マスキング用の素材はエアブラシ塗装を施す際に便利なマテリアルです。マスキングパテやマスキングテープ、液状タイプのマスキング剤などは塗装済みの表面をカバーすることもできるので塗り分けのハッキリした多色迷彩を塗装する際に重宝します。スポンジタイプの緩衝材などを開けたハッチやエンジングリルなどに使用すれば、インテリア部分のパーツに塗料が吹き込むことを簡単に防ぐことができます。

7. マスキングテープはカッターナイフと金定規で簡単にサイズや形が変えられるので、いろいろなエリアに対応できます。

8. 続いてここからは模型塗装に使用するさまざまな種類の塗料を見ていきます。エナメル系塗料は乾燥時間が長く、強い匂いがあるのでエアブラシでの使用をためらうモデラーもおり、いまでは基本塗装に使用されることは少なくなっていますが、他ではエナメル系塗料のほうが向いている工程は多々あります。タミヤ、ハンブロールなどがエナメル塗料のなかでも入手しやすいブランドと言えます。

9. エナメル系塗料を希釈するには匂いが抑えられた専用のうすめ液などが最適です。完全に匂いを消すことはできませんが、なかには塗料が揮発することを抑えつつ匂いも軽減する効果をもつものもあります。（訳注：日本国内ではそういったエナメル用うすめ液の流通はまれです）

10. AFVに限らず、模型塗装で多く使用されるのがラッカー系塗料（溶剤系アクリル樹脂塗料）です。その塗膜の強さと乾燥時間の短さから使い易く強力な塗膜が形成されます。

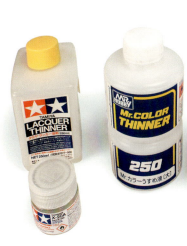
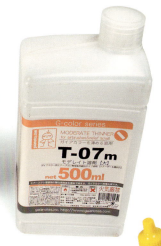

11. ラッカー塗料も瓶の濃度そのままではなく、専用のうすめ液で希釈してから使用するとよいでしょう。GSIクレオスのMr.カラー、タミヤ（訳注：缶スプレーのみ）、ガイアカラーなどがメジャーなブランドです。

12. 有機溶剤成分と匂いがほとんどなく、使用するモデラーが増え続けているのが水性アクリルカラーです。エアブラシ塗装用、筆塗り用と別々に調整されている製品もあります。アモ・バイ・ミグヒメネスのラインナップはバランスよくどちらでも使用できるよう調整してあります。

13. ほかの水性アクリル塗料のようにアモ・バイ・ミグヒメネスの塗料は筆塗りする際には水でも希釈することができます。専用のうすめ液は特殊なアルコールがミックスされており、エアブラシ塗装の際に使用すると吹き付けがさらに快適に行なえます。

14. 各社からリリースされているペイントセットはテーマによって何種類かのカラーがまとめられており、迷うことなく必要な塗料が手に入ります。アモ・バイ・ミグヒメネスのセットも多くの種類のテーマでまとめられたものを豊富にラインナップしています。

15. サーフェイサーとはプラスチックへの食いつきを強くするための調整が施された特別な塗料で、基本塗装の前に模型に塗布する前提で開発されています。サーフェイサーをあらかじめ塗っておくことで、塗装時の取り回しや、マスキングを剥がす際にも基本塗装が剥がれにくくなります。アモ・バイ・ミグヒメネスのサーフェイサーは塗装する基本塗装色や迷彩色に合わせて選択できる色のバリエーションが取り揃えられています。

16. クリアーコートは模型の仕上げに光沢をもたせたりツヤを消したりといろいろな用途をもっています。また塗装の工程の合間に塗ることで塗膜の保護にもなるので、ウェザリングをはじめる前にデカールの上から吹きつけておくと安心です。

1.2
塗装をはじめる前に
Preparation Before Painting

基本塗装、あるいはウェザリングなどの作業をしている際に、下に塗っておいた塗装が剥がれることがあります。ここではそうしたさまざまなトラブルを予防する準備工程を紹介します。

1. 作業する際には、薄手のゴム手袋を使用するとよいでしょう。こうしておけば指紋や脂分を塗装面に付けることがありませんし、何より手が汚れずに済みます。

2. エアブラシでの塗装作業ではマスクを装着することをおすすめします。ラッカー塗料など有機溶剤を使う塗料で塗装するときはなおさらです。また塗料の粒子が部屋に留まらないように換気が可能な部屋で塗装を行なうことも非常に重要です。

3. とても小さかったり、折れやすそうなパーツは、手で持たずにランナーに付いたまま塗装しておくと、部品の破損や紛失を少なくすることができます。

4. 使いやすいサイズのクランプを使って部品を固定すると便利です。組み立て後に目立たなくなる箇所を掴ませましょう。

5. 爪楊枝も、とても便利で安価で手に入る模型用ツールと言えるでしょう。とくにAFV模型では、転輪の軸穴に挿すことで作業しやすい持ち手になります。

6. 形状的にクランプが取り付けにくいパーツは、爪楊枝や、切ったランナーと粘着ゴム（ねり消しなど）を利用したオリジナルの持ち手を作るなどして対処します。粘着ゴムはパーツを接着するときに目立たない場所、または接着面などのように、のちのち塗装をしない部分に貼り付けるようにします。

7. 粘着ゴムは大きめのパーツも固定することができますが、それに応じて持ち手も長くなり、粘着ゴムも多めに使用しなければならなくなります。

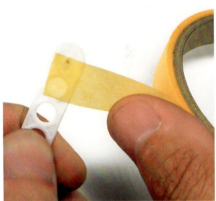

8. スポンジやスタイロフォームを使ったパーツ固定台を用意しておくと、乾燥中の塗膜に傷などが付くのを防ぐことができるでしょう。爪楊枝や、自作したハンドルを刺して立たせておくだけです。

9. 砲塔のような部分も、何らかの方法で固定しておいたほうが塗装するときに塗装面に触れてしまうなどのトラブルを回避でき、取り回しがしやすくなります。写真では砲塔を木製のブロックに粘着ゴムで固定しています。粘着ゴムはいろいろな部品を固定できるのでとても便利です。

10. 最後にもうひとつ、再利用できるシンプルなパーツ保持工具を紹介します。用意する物は使わなくなった棒状の部品、またはランナー、マスキングテープ、これだけです。

11. 最初にハンドル部品にマスキングテープを1周巻きます。1周させてテープがハンドルに固定されたら、粘着面が表側に来るように最初の1周目とは逆方向にテープを巻いていきます。

12. そのままテープを巻き続けます。巻きつけた量が多いほど、このツールを使える回数が増します。

13. マスキングテープの粘着面を使ったパーツ保持工具が完成です。使っているうちに保持力が落ちてきたらテープを少し剥がして切り取り、新しい粘着面を露出させればまたパーツを付けることが可能となります。

今だからできる模型製作資料の探しかた

　現在発売されているキットのなかには、本来の組み立て説明書のほかに塗装ガイドや資料が付属しているものもありますが、ときにそれが正確ではなかったり、細部にまで行き届いたものではない場合もあります。また、「自分が製作したい塗装例がキットにない！」ということもよくあります。そのような場合には専門誌や書籍はもちろんのこと、インターネットなどを駆使して、あなたが製作したい、あるいは製作中の車両の画像やユニークな迷彩を施した車両の画像、動画などを探してみるのもひとつの楽しみ方かもしれません。

1 近年ではありとあらゆるテーマや車両に関する詳しい資料が市場に溢れています。それらには写真だけでなくカラーイラストや、特定の車両の塗装について時間をかけて詳しく研究されたデータなども含まれています。こうした書籍や資料本は貴重な情報源となるのはもちろん、製作する上でとてもよいインスピレーションを与えてくれるでしょう。

2 模型だけでなく、軍事関連に特化した雑誌なども実車に関するとても良いリソースとなってくれます。なかには車両だけでなく、それらが作戦行動している場所のカラー写真も掲載されていることでしょう。雑誌に書籍のような詳しいデータがまとまって記載されていることは稀ですが、なんといってもそのコストパフォーマンスは無視できないものです。

3 今はインターネットだけに限ったとしてもかなりの情報が手に入る時代。インターネットでは多くの画像や実際にその車両が活動している動画などがすぐに見つかります。しかし書籍や雑誌などと比較すると信頼できる情報源とするには難しい場合もあります。アップされているのが正しい情報なのかどうかの確認をすることは、個人のブログや誰でも書き込みが可能なフォーラムなどでは難しいものです。しかし、素早くお手軽にいろいろなことが分かる情報源としてはたいへん魅力的であり、情報の真贋を見極める力を付けてうまく活用していけばよいでしょう。

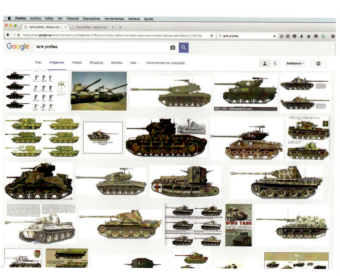

2
インテリアの塗装と仕上げかた

2.1 車やトラックなどのインテリア演出

2.2 AFVのインテリアの場合

2.3 エンジン部の塗装とウェザリング

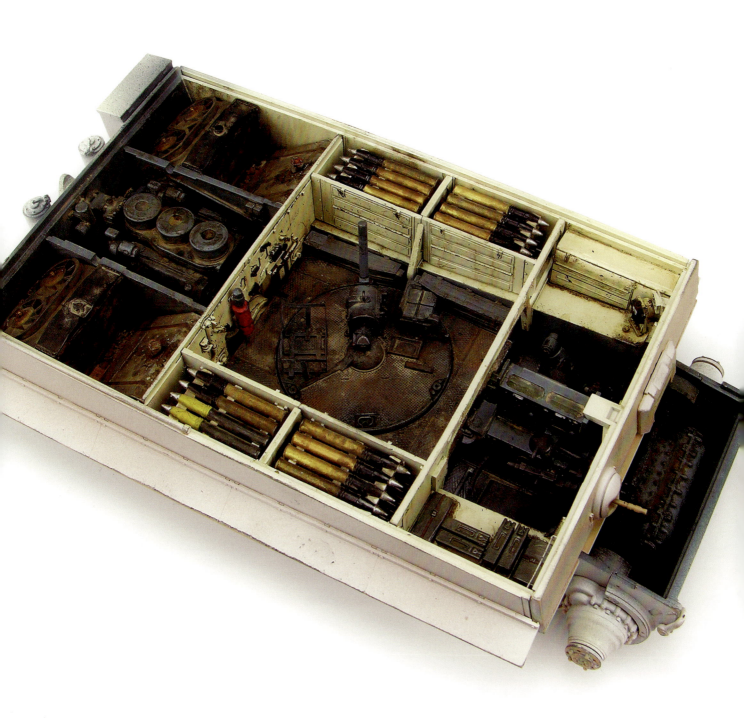

2.1
車やトラックなどのインテリア演出
Cars and Trucks Interiors

　車やトラックなどの車内塗装はAFVの場合とは違った、独特の要素を持っています。そのため、基本的な塗装の原則は共有されますが、その工程は少しユニークなものとなります。この種の車両のインテリア塗装の基本的な目線と、さらに詳しい方法について解説しましょう。

2.1.1 車とトラックの基本的インテリア塗装

まずはインテリア塗装の基本テクニックから紹介していきます。完成後にインテリアがあまり見えないモデルなどでは、この方法で塗装すればパーフェクトです。

1. 基本工程

1. ここでは1/35スケールのT3トランスポーターを使って塗装作業を紹介します。この車両にはダッシュボードやシートなど、この種の車両では一般的な内装が揃っています。シンプルですが効果的な塗装を施していきましょう。

2. いちばん最初に、基本色が食いつきやすくなるようにサーフェイサーで下地を作ります。またサーフェイサーは塗装面の色を統一させる効果もあり、パテなどを使った工作痕にも統一した基本色を塗ることが可能となります。基本色を塗装する前に完全に乾燥させましょう。

3. 基本的なグレーのサーフェイサーの使用が主となりますが、基本色により近い色に調色されたサーフェイサーを使用することもできます。この画像のように黒のサーフェイサーで車内のフロアを塗装して、サーフェイサー自体をその箇所の基本色としても良いでしょう。

4. 基本色に白を少し混色し、各パネルの中央に吹き付けてハイライトを足します。この工程はかならず必要ではありませんが、簡単に使用感を出すことができる方法です。完成後に光の当たる箇所と影となる箇所にコントラストを付けることも可能です。

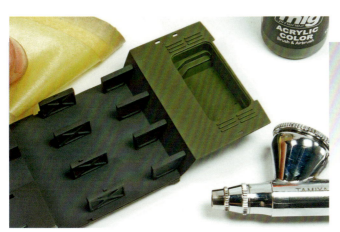

5. 基本色が異なる箇所はマスキングテープで覆ってから塗装するようにしましょう。

6. よく切れるナイフと金定規で必要な幅に調整したマスキングテープを使い、しっかりと塗り分けができるようにします。テープのエッジがしっかりと貼れているかチェックします。少しでも浮いていると吹きこぼれが発生する可能性があります。

7. 曲がった形に塗り分ける箇所は小さく切ったマスキングテープを使って覆います。曲がった箇所の弧が大きいほど、切ったマスキングテープの枚数が必要となります。

8. 長いカーブの塗り分けが必要なときでも、細いマスキングテープを使えば問題なくその部分のマスキングが行なえます。必要であればさらにテープを使って吹きこぼれがないように周りを覆ってしまいましょう。

9. マスキングができたら、エアブラシで数回に分けて薄く塗料を吹き付けましょう。1回吹き付けたら数秒間乾燥時間をおいて、再度吹き付ける工程を繰り返します。いちどに多く吹き付けると塗料がタレてしまい、キレイな塗装面にならないだけでなく、吹きぼれが起こることもあります。

10. 塗料が乾燥したらマスキングテープを剥がしましょう。塗膜にキズを付けないように注意して剥がしていきます。

11. 充分にマスキングを行なったと自負していても、吹きこぼれはどうしてもおきるものです。そうした場合には細筆とアクリル塗料でリタッチしましょう。

12. マスキングを慎重に行なえば行なうほど、のちほどリタッチに使う時間を減らすことができます。2、3箇所の小さい吹きこぼれであればすぐに修正ができますが、すべての角を修正するとなると、しっかりマスキングを行なう時間より余計に手間がかかってしまうかもしれません。

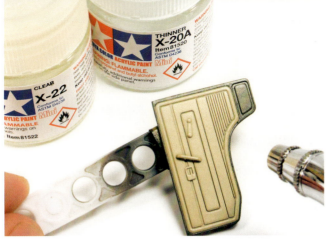

13. ウォッシングを行なう前に半光沢か光沢のクリアーで塗膜をコートしておきましょう。こうしておくと塗膜表面のざらつきが抑えられ、ウォッシングに使う塗料が流やすくなる効果があります。

14. ウォッシングで施すコントラストの強さに合わせて塗料の希釈度を変えましょう。ウォッシングをすると各ディテールの形状を浮き上がらせたり、角や窪みのラインを強調させることができます。色味の違うウォッシングを、箇所を変えて行なって、深みのあるコントラストを出してもよいでしょう。

15. ダークブラウンのウォッシング液を使ってタン色の内装部分にウォッシングを施し、グリーンの部分にはブラックのウォッシング液を使用して同じ工程を繰り返しました。エナメル系塗料で行なうウォッシングは細筆を使ってディテールの線や窪みに流し込むように行ないます。

16. もしウォッシング液が余計に流れ出したり、シミなどができてしまった場合でもエナメル用うすめ液を含ませた筆で簡単に拭き取ることができます。

17. 乾燥する前であれば布などでキレイに拭き取ることもできます。乾燥が進むとふき取りは徐々に難しくなっていきます。

18. さらにコントラストをつける必要があれば乾燥後にウォッシングの行程を繰り返しましょう。

19. 溝やディテールの隅などに暗めのウォッシングを施す際には絵画用のドローイングインク（絵描き用インク）を使うことも可能です。ドローイングインクはコントラストが強く付けられるので、この写真のような黒で塗られたトランクカバーやフロアマットなどの、とくに暗い部分に強いコントラストを付けたい場合などにはエナメル系のウォッシング液より効果的です。

20. ウォッシングが施されたあとは細部の塗り分けに進みます。いちばん簡単に作業が行なえる水性アクリル塗料と細筆を使って塗装していきましょう。希釈すると筆ムラを防ぐことができます。塗料が濃すぎる場合は水を数滴足して塗料をうすめてから塗装しましょう。

21. 塗料は小さめの容器に少しずつ分けて作業をします。この方が塗料の希釈度が変化しにくく、長時間の塗装作業に向いています。写真はドアの内側のハンドルとレバー類を塗り分けているところです。ディテールの外側から塗っていくと塗装作業が進めやすいはずです。

22. 塗り分け前のウォッシングでディテールの形状がハッキリ浮き上がっているので、塗り分け作業も簡単になります。形状に沿って塗り分けていきましょう。

23. シフトレバーとハンドブレーキも半光沢の黒で塗装します。フロアも黒で塗装されていますが、明るく調整したグレーでハイライトが塗装されているので、黒だけで塗装された部品類との違いをハッキリと見ることができるでしょう。

24. ペダル類にカバーなどが掛けられていない場合は金属系の色を使って軽くドライブラシをすると雰囲気のあるウェザリングが施せます。筆に含ませた塗料をキッチンペーパーなどでほとんど拭き取ってしまい、ペダル部分を軽く撫でるように筆を動かしましょう。少しずつディテールが浮き上がり、塗料が剥がれた様子が演出できるでしょう。

2. ハイライトとシェード

最初の基本塗装工程（サフェーサー、基本色、ウォッシング、細部塗り分け）が施されたあとはハイライトやシェードといった塗装を箇所を絞って施し、コントラストをさらに強調させましょう。さらなるウェザリングで、基本色が退色した感じを演出することもできます。その方法を紹介していきましょう。

25. ハイライトとシェードはさまざまな方法で追加することができます。ここでは基本色として塗った色に徐々に白を足していき、求めていたコントラストが再現できるまで明るくした色をエアブラシで吹き付けてハイライトを塗装します。ハイライトやシェードをエアブラシで塗装する際は、表現のコントロールがしやすいように薄く重ねていくようにします。一度に吹き付けると効果が大げさになってしまいかねません。塗料を薄める際には指定の専用うすめ液を使用しましょう。

26. 薄めに希釈された塗料を使ってハイライトを施したい箇所に何度か重ね塗りします。この写真は各パネルの中央部分をハイライトで明るく塗装しているところです。この工程を繰り返して徐々に納得がいくまでコントラストをつけていきます。この作業は0.2mm以下のような細いノズル径のエアブラシを使うと作業しやすいでしょう。

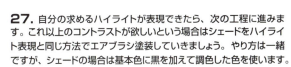

27. 自分の求めるハイライトが表現できたら、次の工程に進みます。これ以上のコントラストが欲しいという場合はシェードをハイライト表現と同じ方法でエアブラシ塗装していきましょう。やり方は一緒ですが、シェードの場合は基本色に黒を加えて調色した色を使います。

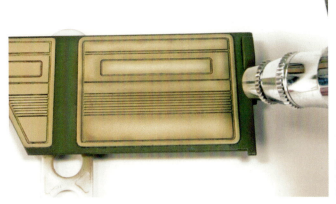

28. ここでシェードを施した箇所はウォッシングの時に浮かび上がったパネルのエッジ部分です。ハイライト塗装と同じように専用うすめ液で希釈した塗料を薄く何回かに分けて重ね塗りしていきます。

29. ハイライトやシェードのエアブラシ塗装は細部ディテールなどの塗装を完全に終わらせる前に施すことをおすすめします。せっかく施した細部へのウェザリングなどを上塗りしてしまわないようにするためです。エアブラシによるハイライトやシェードの塗装が完了したあと、基本塗装工程で黒に塗り分けたハンドルやレバーなどへ、ダークグレーを使って筆などでハイライトを描き込みましょう。

30. 塗装が終わったら最後にトップコートを施して全体を保護します。ツヤ消しと半ツヤのクリアーを5:5で混ぜたぐらいがAFVモデルのインテリアには丁度よい光沢になります。

31/32. ドアインテリアの、ハイライトとシェード塗装を施す前とあとの比較です。施したあとのもの（写真下）は強めのコントラストで豊かな表情が付いているのがおわかりいただけますでしょうか!?

33. シート類も基本的は同じ工程で塗装しています。サーフェーサーの上に基本色を吹き、ハイライトとシェードを重ね塗りしました。

34. ドアのインテリアとは異なり、ハイライトとシェードの塗装後にアクリルのクリアーを全体に吹きます。乾燥後にウォッシングしてシートのラインをさらに強調しました。

35. ウォッシングのエナメル系塗料が乾燥したあと、再度水性の半ツヤのトップコートで全体の塗膜を保護して塗装完了です。

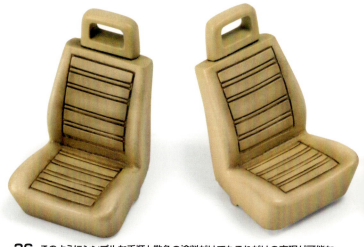

36. このようにシンプルな手順と数色の塗料だけでもこれだけの表現が可能なのです。

3.ダッシュボードの基本塗装

　ダッシュボードは自動車やトラックなどの車両とAFV（装甲戦闘車両）との違いが大きく出る要素のひとつです。ここでは簡単ですぐに結果が出せる、シンプルなダッシュボードの基本塗装法をご紹介します。後のチャプター 2.1.2ではさらにダッシュボードを引き立たせる高度なテクニックを紹介していますので、そちらも参考にしてください。

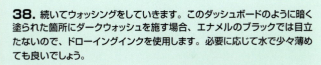

37. まず最初にダッシュボードの基本塗装を施します。今回はアモ・バイ・ミグヒメネスのステインブラックを使用しています。

38. 続いてウォッシングをしていきます。このダッシュボードのように暗く塗られた箇所にダークウォッシュを施す場合、エナメルのブラックでは目立たないので、ドローイングインクを使用します。必要に応じて水で少々薄めても良いでしょう。

39. ドローイングインクはたとえ基本色が黒などで暗く塗装された箇所でもハッキリとしたコントラストを付けてくれます。インクでウォッシングを施す前にグレーなどでハイライトを吹き付けておくとさらにコントラストが明確になります。また基本色を黒ではなく非常に暗いグレーで塗装するという方法もあります。

40. 細筆を使ってこまかい凸モールドのディテールを塗ってハイライトとすることもできます。求めているコントラストの強さにもよりますが、ダークグレー、ミディアムグレーなどが黒く塗られたパーツには使いやすいでしょう。

41. 薄く、筆で塗りにくい部分のハイライトにはドライブラシのテクニックが効果的です。ハイライトを施したい箇所に塗料をほとんど拭き取った筆を軽く撫でるようにして動かします。ドライブラシで強いコントラストをつけるようなことは避けましょう。塗料の粒子が目立ってしまい、キレイな見た目はなりません。

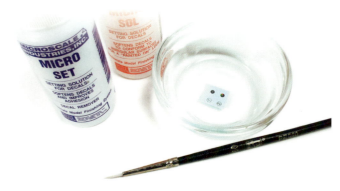

42. スピードメーターやタコメーターなど、ダッシュボードに配置されている計器類を再現するいちばん簡単で便利な方法は、キット付属のデカールを使うことです。凹凸などにデカールをならし、しっかりと粘着させるには、デカール用に発売されているマークソフターなどを使用するとよいでしょう。今回はマイクロスケール製の「Micro Set」、「Micro Sol」と細筆を使ってデカールを貼り付けました。

43. ぬるま湯に短時間デカールを浸けて、台紙から動くようになったら貼り付けることが可能です。細筆で「Micro Set」（または他社製のデカールセッターなど）をデカールを貼る箇所に塗ります。

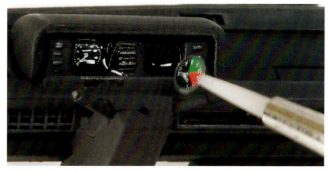

44. そして細筆の先にデカールを付けて部品に配置します。爪楊枝などを使って位置を修正することもできます。

45. 「Micro Set」が乾燥したあとに、少量の「Micro Sol」を細筆で塗り、デカールを柔らかくしてディテールを完全密着させます。こうすれば、まるでメーターを塗装で再現したかのように見えるはずです。デカールのさらに詳しい貼り方は後のチャプター 3.6.1 で解説しています。

46. 最終的に光沢の具合を好みに合わせます。ここでは質感を出すためにツヤの出るクリアーを薄く吹いています。

47. 簡単なダークウォッシュで隅や割れた部分などを強調し、ハイライトでボリュームノブなどのこまかいディテールを目立たせました。こうすることで手間をあまりかけずにインテリアに見どころを増やすことができました。

4. 完成

48. 新車やまだ使用されて間もない車両を製作するときは上部に記載した工程だけでも満足のいく結果が得られるでしょう。チャプター 2.1.2 ではさらに高度なテクニックを使い、使い古された車両のインテリアにウェザリングを施して行きます。

2.1.2 車とトラックの高度なインテリア塗装

　前節ではベーシックなインテリア塗装方法のステップをご覧いただきました。ここからは、さらに時間をかける、精巧なインテリア塗装工程を紹介していきます。ただし、覚えておいて欲しいことは、これから紹介するすべての工程をすべての作品に行なわなくてもいいということです。これはモデラーの好みでもあります。

　この章の工程の中から皆さんが必要だと思われるテクニックだけを選んで完成させることにまったく問題はありません。逆に何事もやり過ぎは禁物です。あっという間に一貫性のない、支離滅裂な、汚しすぎただけの作品となってしまいますので注意しましょう。

1.アドバンスド・ペインティング

1. 今回作例で使用するのは1/48のオペル・ブリッツです。スタートはサーフェイサー塗装、その後に車両の基本色となるダークグレーを吹き付けます。

2. ハイライトとシェードをここで吹き付けることも選択肢のひとつです。周りが閉ざされて光があまり入らないインテリアなどではとくに効果的でしょう。ハイライトに使う塗料は、基本塗装に使う色に白を足して明るくした色を使います。通常は各パネルや、パーツに再現されたディテールの上部に塗装エリアが広くなり過ぎないように吹き付けていきます。

3. ついで、白の替りに黒を基本色に足した塗料でパネル下部にシェードを集中して塗装します。ハッキリとした色の違いを出すモジュレーション効果を狙って、マスキングテープを使い、シェードの色を塗り分けることも効果的です。

4. ハイライトとシェードはどちらも必ず塗らなければいけないわけではありません。狙っているコントラストが再現できればハイライトだけでも、またシェードだけを塗装するだけでもいいのです。また少々表現が大袈裟になってしまった場合でもまた上から基本色を吹き付けてリカバリーをしてあげればいいのです。

23

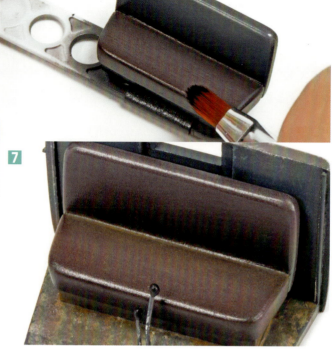

5. エナメル系の塗料を薄く塗装面に塗り、フィルターをかけることによって一部分だけに塗装の色味を変化させます。基本塗装との色のトーンに違いが現れるので、よいアクセントとなるでしょう。ここではシートのクッション部分に赤味の強い茶色のエナメル系塗料でシェードを施しました。

6. エナメル塗料のフィルターを塗装面に塗り、完全に乾燥する前にキレイな筆でドライブラシをするようにエナメル塗料をクッション部分へランダムに行き渡らせます。

7. 色のトーンがかわり、ほかの内装部分とシートクッションとの違いをみることができます。

8. ダークウォッシュは各ディテールの輪郭を浮かび上がらせ、立体感を演出してくれます。基本色によって選択肢がいろいろ有りますが、主に茶色、グレー、黒などから選ぶのがよいでしょう。インテリアが完全に閉じられてしまう状態、またはここで例として使われているトラックのように暗めの色で塗装されている場合は、黒でのウォッシングをするとコントラストが取りやすく効果的でしょう。ウォッシングに使う塗料の流れがよくなるように光沢クリアー塗料で基本色面をカバーしておくといいでしょう。

9. エナメル系のウォッシング専用塗料はボトルから取り出した状態でそのまま使えます。しかし、色が濃く感じる場合は専用のうすめ液で希釈するとよいでしょう。

10. 乾燥後、塗料が残り過ぎた箇所や滲みの線などは、うすめ液で湿らせた細筆で拭き取りましょう。必要な箇所まで拭き取ってしまわないように気をつけます。

11. パネルラインやリベットが多い部品はウォッシングによってディテールが引き立てられますが、ディテール周囲もウォッシングの塗料に影響を受けるので、汚れが強くなってしまう可能性が有ります。こうした部分は乾燥後の拭き取りで塩梅を調整しましょう。

12. あらかじめ基本色をクリアーで保護してあるので拭き取りも簡単です。筆だけでなく、布や指でも拭き取ることができます。

13. エアブラシで全体的に施したハイライトとシェードに加えて、さらにこまかいハイライトをドライブラシを使って施すことができます。基本色より明るい同系列の塗料を筆に含ませて、写真の一番右のようにほとんど色が付かない状態になるまで布やティッシュで拭き取ってしまいます。

14. パーツの突起したディテールを、塗料を拭き取った筆で優しく撫でるようにすることで、各ディテールが浮き上がってきます。

15. さらにハッキリした線を実際に細筆でディテールのエッジに描き込むと、ドライブラシよりも強いコントラストが再現できます。使う塗料はドライブラシを施した、明るく基本色を調色した塗料です。

16. 基本色とは違う色で塗られるディテールを説明書の指示に従ってアクリル塗料と面相筆で塗り分けます。ダークウォッシュで輪郭がハッキリとしているので塗り分ける箇所の確認も容易にできます。

2.ダッシュボードのこまかな塗り分け

ここでスピードメーターやタコメータなどの、ダッシュボードに配置されている典型的な計器類の精巧な塗り分け方を見ていきましょう。

17. メーター類が凸モールドで再現されている場合はデカールではなく塗装で再現してみましょう。まずはドライブラシを施して計器類を浮き上がらせます。こうすることで次に行なう塗装箇所がわかりやすくなります。

18. メーター内の針もドライブラシで浮き上がった部分を目印として面相筆で塗り分けます。この時、筆を傾けて筆先の側面で塗るようにすると突起部だけに塗料が乗り、塗り分けしやすくなります。

19. メーター類の内側は黒で塗り分けます。水で少し薄めた塗料をウォッシングのように流し込む方法が一番簡単でしょう。面相筆でメーターの内側を軽く触るだけで塗料が流れ、塗料が適量であれば凸モールドのおかげでメーターの外には塗料は拡がりません。内側の針などのディテールを覆ってしまわないように注意しましょう。

20. メーターを覆っている透明のカバーを再現するには光沢のあるクリアー塗料を使います。今回はアモ・バイ・ミグヒメネスのクリスタルグラスを使用しました。同社の「アクリル・クリスタル」塗料シリーズは乾燥すると体積のある、光沢が強いクリアーとなります。

21. 細筆を使い、クリスタルグラスをメーターのディテール上に置くように塗装します。乾燥すると透明になり、自然と平面にもなります。湾曲のあるレンズやカバーを表現するときは乾燥したクリスタルグラスの上にもういちど同じ工程を繰り返すと良いでしょう。表面張力でレンズのような形に乾燥します。

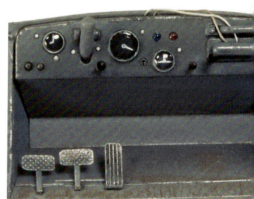

22. 警告灯なども同じくクリアー塗料で塗り分けます。細筆で塗料を置く感じが大切です。

23. 車内のワイヤーなどもメーターの針を塗り分けた時と同じように筆先の側面を使って塗り分けしていきます。ほかの部分に触らないようにゆっくりと作業しましょう。

24. 筆先の側面をうまく使うと、突起したディテールであればこまかい部分までキレイに塗り分けが可能です。チッピングのような塗料剥がれを再現するウェザリングも、この方法で施すことができるのです。

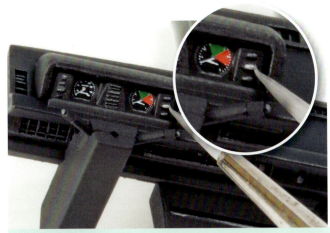

25. これまでにインテリアの基本塗装を済ませたT3トランスポーターのダッシュボードに塗装を加えてレベルアップさせていきましょう。実車の資料が手元にある場合は、ここからどのようにすれば改善できるか、そのポイントが分かるでしょう。まずは警告ランプ類を塗りわけます。使用するクリアカラーの発色をよくするために、まずはシルバーなどの明るい色でランプ部分を塗ります。

26. ランプ類に塗装した下地の塗料が乾燥したあとにクリアーカラーを上塗りします。シルバーの塗料が透けて明るく発色します。今回のダッシュボードのような暗い色で塗装されている部分に、明るい下地色を塗らないでクリアーカラーを塗装しても暗くよどんでしまいます。

27. 塗装が完了している部品でも、彫り加工が可能なエンボス工具を使って、リベットなどを再現することでディテールを増やせます。

28. 今回はエンボス工具でリベットを再現してみました。加工した部分をシルバーで塗装してあります。

29. 同スケールで発売されているアフターパーツから使用できそうなデカールを使い、車内にマーキングを施すこともできます。今回はエアスケール製のコクピットプラカードセットを使用してみました。

30. デカールセッターを使ってしっかりと密着させます。詳しいデカールの貼り方は後のチャプター3.6.1で解説してあります。

31. うすい透明プラ板を使ってメーター類のカバーを再現する方法もあります。大きさを合わせてよく切れるデザインナイフで切り出します。

32. ここでもクリアカラーのクリスタルグラスを使います。少量を筆にとって透明プラ板を配置する箇所に塗ります。

33. クリスタルグラスが乾燥する前に透明プラ板を重ね合わせます。プラ板は湿らせた筆を使うと簡単に配置することができます。

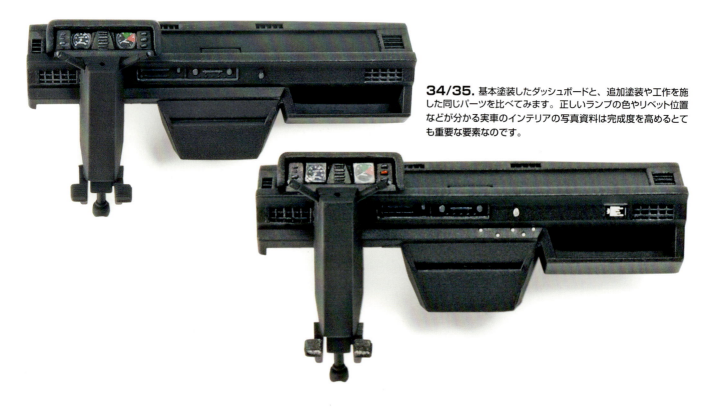

34/35. 基本塗装したダッシュボードと、追加塗装や工作を施した同じパーツを比べてみます。正しいランプの色やリベット位置などが分かる実車のインテリアの写真資料は完成度を高めるとても重要な要素なのです。

36. 次にリアルなバックミラーを作る方法を紹介しましょう。まずは透明プラ板やキットに付属する薄いクリアパーツのシートなどを、適当な大きさに切りだします。

37. 大きさやミラーの形状を確かめて透明パーツを成形します。

38. もしミラーの角が丸くなっている場合は軽くサンディングして形を整えましょう。小さくデリケートなパーツを保護するように、片面にはマスキングテープを貼っておきます。

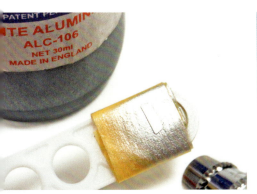
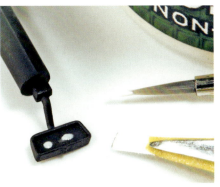

39. 保護用のマスキングテープを剥がさずに、メタリック系のカラーをもう一方の面に吹き付けます。ミラーの場合、シルバーやアルミニウム色を使うと雰囲気がでます。

40. バックミラーの部品に自作した鏡を接着します。接着には塗料を侵さない水性タイプのボンドなどを使用します。塗装した面を内側にしてはめ込みましょう。外側は塗装されていないのでクリアパーツのツヤが残っています。

41. メタリック系のカラーの効果とクリアパーツのツヤが重なって、スケール感を失うことなく、とてもリアルな鏡が再現できます。

3.ウェザリング効果

最後に汚れや塗装の剥がれなど、劣化した状態の車内を表現する方法を紹介します。効果的なウェザリングで使い古されたインテリアが再現できるようになります。

42. 最初に引っかき傷などのダメージが加えられた塗装面を再現しましょう。ここでも筆に含ませた塗料を拭き取ってから使うドライブラシのテクニックが使われます。しかし今回の表現ではディテールのエッジに塗料を載せていくのではなく、平面の部分で筆を動かします。使用する塗料は暗めの茶色で、サビた鉄の表現に使用できるように調色されているアモ・バイ・ミグヒメネスのチッピングカラーを使います。ほかにもダークグレーや黒も使用することができます。

43. 車のペダルはダメージが多く現れる箇所です。鉄があらわになった色を再現するスチールをペダルのパーツにドライブラシしてみましょう。

44. 自然な塗膜の剥がれを再現するため、塗膜が剥がれやすいエッジ部分を重点的に、メタリックカラーでドライブラシします。

45. 同じようなエフェクトをドアの開閉レバーにも施します。

46. 通常、インテリアは車両の外側ほどにはダメージが与えられることは少ないと思いますが、ここでは各部の使用感を演出するために傷やチッピングなどを足していきます。塗装が剥がれた状態を再現するチッピングは細筆で描き込んで再現します。リアルに魅せるためにはその剥がれた箇所の形が重要になります。剥がれの形状を作り出すのはこまかな点と細い線です。細筆で塗装面を軽く叩く感じで描き込み、その点や線同士を繋げていくようとすると自然な塗装剥がれが再現できるでしょう。全体のバランスを常に確認しつつ、描き込み過ぎないように注意しましょう。

47. 基本色のグレーと比較して明るめ、暗めの色と2種類の色を使ってチッピングを施すと魅力的な見映えが作れます。

48. チッピングにはスチールやアルミニウムのようなメタリックカラーも使えます。この場合はまだ剥がれたばかりの新しい傷や、手すりやステップなど、常に擦られている箇所などを効果的に表現できます。

49. 鉛筆も傷やチッピングを簡単に再現できる使い勝手のよいツールで、とくに水彩色鉛筆は色の数も豊富です。シルバーで金属面の塗膜剥がれを描き込むこともできますし、通常の鉛筆でもディテールのエッジをなぞって金属の輝きを再現することもできます。

50. 鉛筆の色を塗装面に残りやすくするには、ツヤ消しのクリアーを上塗りしておくとよいでしょう。筆の時と同じように、鉛筆を尖らせれば細いキズか大きめのチッピングまでさまざまな形の塗膜剥がれを描き込むことができます。

51. プリズマカラー製（訳註：日本国内では画材専門店などで入手可能）のシルバーはとても使いやすく重宝します。うすめ液やほかのマテリアルの準備もいらず、施したいチッピングの形状をトレースするだけでリアルな塗膜剥がれが再現できます。

52. パーツのエッジをこすれば金属の輝きも鉛筆で簡単に再現できます。2B以上の柔らかめの鉛筆が作業しやすいでしょう。

53. 車内の床に溜まった泥や土汚れを表現する最適のマテリアルはピグメントです。さまざまな環境での"汚れ"を再現するために多くのピグメントが発売されています。明るい色味と暗い色味を同時、または混ぜて使用するとよい結果が得られるでしょう。今回はダークアースとヨーロッパアースの2色を使用しています。

54. ピグメントは簡単に使うことができます。まず最初に筆を使って汚れを再現したい箇所にピグメントをまぶします。明るいものと暗いものをできるだけランダムに、しかし完全に混ざらない程度に配置します。

55. ピグメントフィクサー液を使って部品の面を湿らせて、ピグメントを固定します。この時に筆などで面を擦ってはいけません。ピグメントが混ざってしまい、乾燥後にその擦られた箇所は不自然な筆跡が残ってしまいます。場所をえらんでピグメントフィクサーを含ませた筆を置くようにして、自然に液体が広がるのを待ちましょう。

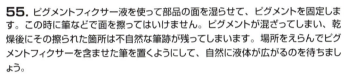

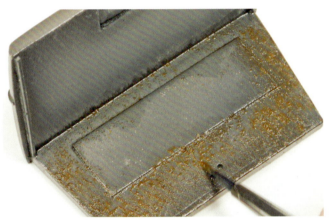

56. ピグメントフィクサーが乾燥中に細筆の先端でピグメントの配置を少しずつ変えることは可能です。もし色味が混ざった再現をしたいのであればブレンディングもこの時点で行ないましょう。

57. 完全にピグメントフィクサーが乾燥した後、筆を使って汚れの具合に強弱を付けます。さらに強めのピグメントによる汚れが必要な箇所がある場合、乾いた筆に少量のピグメントを取って、その部分に足しましょう。

58. とてもリアルな泥と土、埃によるウェザリングを施すことができました。ピグメントの量を調整することによって、軽く埃が載っている床から完全に泥だらけの床まで再現することが可能となります。

59. この章で紹介したテクニックを使えば新品のキレイな車内から、長いこと使われてダメージを負った車内まで様々な状態を作り出すことができるはずです。モデラーはただ単にエフェクトの強弱を調節し、望んだ状態にすればいいのです。

60. ここからはピグメントではなく、エナメル系のウォッシング液を使った土埃表現方法を紹介しましょう。ウォッシング専用の塗料は濃度が調整されていてこの土埃表現に使いやすいのですが、メーカーによっては少し濃い目に調整されているタイプもあります。専用のうすめ液で使いやすい濃度にうすめてから使用することをおすすめします。

61. アモ・バイ・ミグヒメネスから発売されているインテリアウォッシュは、グレーとブラウンが混ざった色に調色されていて車内に溜まった埃汚れの再現に適しています。ウォッシングは容器からそのまま直接筆で部品に塗ることができます。全体に塗装するのではなく、あえてランダムに薄い箇所と濃い箇所を分けた方が自然な汚れになります。

62. ウォッシング液が行き渡っていない箇所があると、乾燥後に色の境界線の滲みが浮き上がってきます。その箇所はエナメルのうすめ液を含ませた筆を使って周囲と馴染ませましょう。

63. 丁度よくランダムにホコリ汚れが残った箇所と、うっすら微妙に砂が残っているかのような具合の箇所を作り出すことができました。うすめ液で希釈すればするほど、効果が薄くなり、下地の色が濃く反映されます。

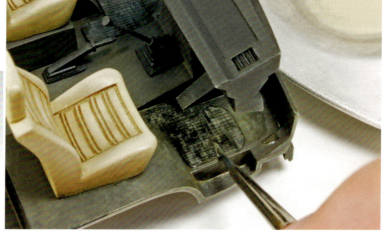

64. 土埃汚れを再現するさいのウォッシングは思いつくかぎりの、さまざまな土や砂の色を使って行なうことができます。たとえばこの助手席のフロアマットにはライトダストを追加して砂埃を再現し、乗員が土の上を歩いてから乗車したかのような演出をしています。2種類のウォッシング液を使うことでさらに作品に深みが生まれ、完成品の面白みを増してくれるのです。

65. このチャプターの最後にもうひとつ、ピグメントと筆だけを使って軽めの埃汚れを再現する方法を紹介します。硬い毛の平筆を使いピグメントを直接パーツに載せていきます。ウォッシングで施した埃表現にエフェクトを追加するように使用しても効果的です。

66. ピグメントの配置が終わったら、空気圧を低く設定したエアブラシで余分なピグメントを吹き飛ばしてしまいます。こうしておけばピグメントフィクサーやウォッシング液の乾燥時間を短くでき、限られた時間で薄く砂埃が載った表面を再現することができます。

67. ウェザリング前（写真上）、後（同下）のインテリアの比較です。

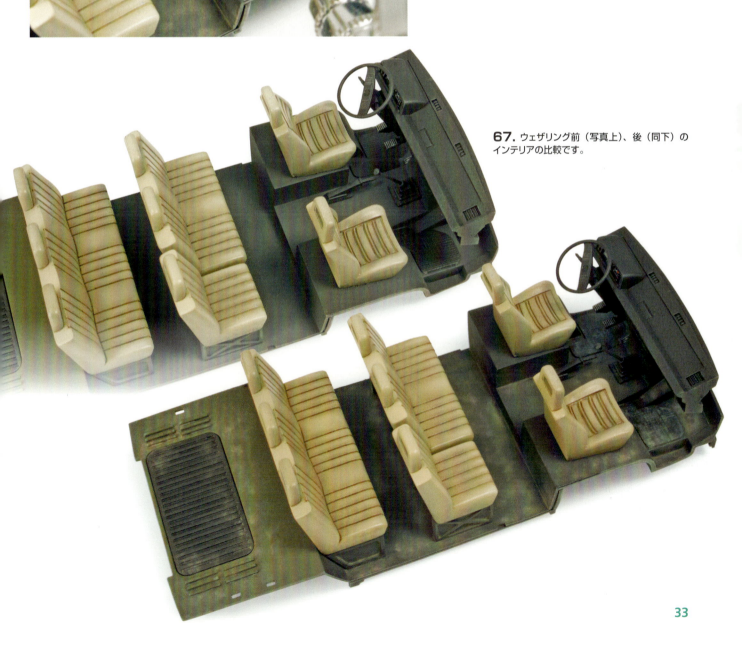

2.2
AFVのインテリアの場合
Painting AFV Interiors

　前節では一般的な車やトラックのインテリアの塗装とウェザリングの方法を紹介しました。ここでは装甲戦闘車両の内部の塗装とウェザリングを細かいディテールを含めて施していきましょう。基本的な工程は前節と同じですが、戦闘車両という特殊な車両のインテリアの特徴を考慮して作業を進めていきます。

2.2.1 AFVインテリアの基本塗装

最初に、まず基本的なインテリアの塗装例を見ていきましょう。これらの工程はとてもシンプルで、しかも組み立てたあとはほとんど目にすることはありません。のちのチャプター2.2.2で紹介する高度なテクニックをこの工程のあとに追加してもよいでしょう。

1. ここでは1/35ティーガーIの砲塔のインテリアを基本的な例として塗装していきます。まずはサーフェイサーを吹き付けて、次に塗装する基本色の食いつきを良くするための下地を作ります。基本色と同じような色のプライマーを使用すると基本色が発色しやすく、塗装が短時間で済みます。

2. プライマーが乾燥したら基本色を吹きます。白のプライマーで塗られた箇所はクリームヴァイス（クリームホワイト）を、黒のプライマーで塗られた箇所はドゥンケルグラウ（ジャーマングレー）で塗装しています。

3. 基本色が完全に乾いたら、角や凸モールドの周辺にピンウォッシュ（スミ入れ）を施して立体感を出しましょう。ツヤのあるクリアーで基本色を保護しておくと、ピンウォッシュ用の塗料の流れがよくなり、あとで余分な箇所の塗料を拭き取る際にも作業しやすくなります。ピンウォッシュ用のエナメル系塗料は専用のうすめ液で希釈して使用すると影色の濃さを調整することも可能です。

4. クリームホワイトの箇所にはアモ・バイ・ミグヒメネス製のインテリアウォッシュでピンウォッシュを施します。この砲塔内部の側面のように明るい色で塗装されている箇所はインテリアウォッシュのような茶色系の色をウォッシングに使ってみるのもいいでしょう。塗膜のツヤが強いほどウォッシング液の流れは良くなります。

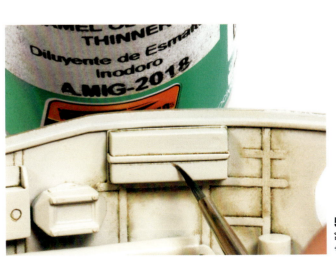

5. もしピンウォッシュで施された影が太くなりすぎた場合は、面相筆にうすめ液を含ませて影の幅を調整しましょう。この方法でほかのエナメル系塗料で施されたウェザリングも拭き取ることができます。

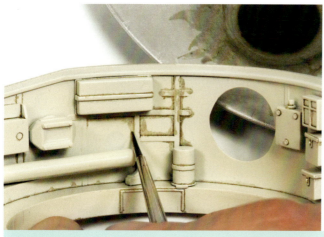

6. 輪郭がはっきりしていないディテールや角にはウォッシング液がたまりにくく、ハッキリとした線になりません。ただボヤけて汚れた感じになるだけです。

7. 乾燥前であれば、ボヤけて余分な箇所に広がったウォッシング液はうすめ液と筆でキレイに拭き取ることができます。また同じ筆で汚れが溜まりそうな箇所に塗料を誘導することもできます。

8. 暗い塗装の箇所は黒かほかの暗く調色されたウォッシング液でピンウォッシュをしましょう。

9. ウォッシングを完了させたら各部の塗り分けを行ないます。ウォッシングで輪郭が見やすくなっている各部ディテールを、細い面相筆と水性アクリル塗料で塗り分けましょう。

10. 明るい色を使って各ディテールにドライブラシをかけていきます。ペーパータオルや布などで筆に含ませた塗料をほとんど拭き取ってしまい、その筆を使ってディテールのエッジや凸モールドの部分に少しずつ塗料が残るように擦りつけます。

11. シートのクッションにはシャドーラストを筆塗りします。

12. シャドーラストに白を加えて明るくした色をクッションの中央に吹きつけてハイライトとします。

13. 小銃などは半ツヤが再現できるアモ・バイ・ミグヒメネスのステイン・ブラックで基本塗装し、明るめのグレーを使ってドライブラシをします。

14. 最後にガンメタルなどのメタリック系のピグメントを筆で擦りつけて金属感を演出します。これはシンプルですが非常に効果的なテクニックです。

15. ペリスコープなどのガラスを再現してあるパーツには正しい色のクリアーカラーを選んで使用しましょう。ここではクリアーブラックを使いました。

16. 埃などの汚れを再現する場合もエナメル系塗料で簡単に行なうことができます。

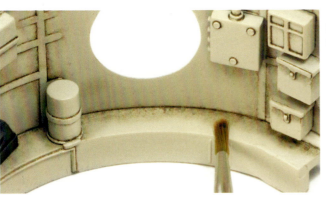

17. 埃汚れを再現した塗料が乾燥したら、乾燥したキレイな筆を使って周囲とブレンドさせ、馴染ませます。塗料が伸びにくい場合にはうすめ液で少しだけ湿らせた筆を使いましょう。

18. インテリアはここまで紹介したようなステップで、短時間で簡単に基本的な塗装とシンプルなウェザリングを済ませることができます。この状態を基本として、さらにバラエティーに富んだ演出を行ないたい場合は、次のチャプター2.2.2からのテクニックを参照してください。

2.2.2 高度なAFVインテリア塗装テクニック

この章では基本塗装からさらに進んだ複雑な塗装とウェザリングテクニックを、スタートからフィニッシュまで徹底的に紹介します。もちろんすべての工程を行なう必要はありません。製作中の車両に最適で、自身が目指す効果が得られそうな工程を選んで実践すればいいのです。

1.塗装とハイライトエフェクト

まずはインテリアを構成する各要素の塗り方と色、またハイライトとシェードを使ったコントラストの表現を紹介します。

1. ここからはディテールアップされたティーガーIの砲塔内部を例に塗装方法を説明していきます。このようなすばらしい工作が加えられた模型を塗装しないわけにはいきません。ぜひ、このディテールに相応しい塗装とウエザリングを施しましょう。

2. 使用する基本色に近い色のプライマー（ここでは白）を選んで下地を作ります。

3. 黒のプライマーを使って基本色を塗る前に影を演出する、プリシェードを行ないます。白と黒のプライマーを使うと天面から光が当たったようなエフェクトがかけられます。ここでは白いプライマーを部品の上側から下へ向けてエアブラシで吹き付け、黒はその逆方向に下側から吹き付けられています。これで基本塗装後も光と影が各部で強調されます。

4. 次に基本色の塗装です。もしこの作例のようにプリシェードが施されている場合は、希釈された塗料を下地が透けるように薄く数回に分けてエアブラシで塗装する必要があります。アモ・バイ・ミグヒメネス製のトランスパラトールを基本色に混ぜて、下地が透けやすい塗料を調合します。

5．ほかのインテリアを構成する部品類も同じようにトランスパレーターを混ぜた塗料で薄く塗装されます。白と黒で塗られた下地が透けて、光と影を自然に作り出します。

6．プリシェードと基本色の上から再度ハイライトとシェードを施すこともできます。ハイライトの場合は基本色に白を、シェードの場合は黒を足して、適当な箇所に吹き付けます。

7．エナメル系塗料でのウェザリングを行なう前に光沢クリアーで全体をコートします。エナメル塗料が流れやすく、拭き取りもしやすくなるのです。

8．エナメル系のウォッシング液を使って全体にフィルターをかけます。明るめのグレーか茶色がこの基本色とは相性がいいでしょう。今回はドイツ軍のダークイエロー用に調色された茶色のウォッシング液を使いました。製品のままの濃度では影響が強く、暗くなってしまうので、エナメルうすめ液で少し希釈して使用しています。

9．ウォッシング液が乾燥したあとに、キレイな筆か化粧用のスポンジなどで、主に彫られたディテールの部分だけに塗料が残るように拭き取ります。

10．ディテールの隅や各モールドをピンウォッシュで引き立てます。こまかいディテールへのピンウォッシュを行なうには面相筆などの細い筆が使いやすいでしょう。

11．塗料の滲み跡や、濃すぎるウォッシングの色もうすめ液と筆で拭き取れます。化粧用のスポンジなども拭き取りに使えます。

12. 暗く塗られたパーツへ暗いピンウォッシュを施す際には、使用するウォッシング液にアモ・バイ・ミグヒメネスのフレッシュエンジンオイルなど、乾燥後に光沢となる塗料を混ぜます。乾燥したあとにツヤが出るので、暗い箇所でも強めのコントラストとなり効果的です。

13. 車内側面に取り付けられている機器類は水性アクリル塗料で塗り分けます。まずは塗装するエリアの輪郭を細筆でなぞるように塗っていきます。筆塗りに使用する塗料は濃すぎると筆ムラができてしまい、キレイな塗膜になりません。少量の水で薄めてから塗装することをおすすめします。輪郭を描き終えたらその内側を塗ります。一度に塗ってしまおうとは思わずに、数回に分けて下地が見えなくなるまで塗りましょう。

14. 機器類の基本塗装が乾燥した後に、ドライブラシで各ディテールを浮き立たせます。エッジ部分と突起したディテールだけに塗料がつくように意識して筆を動かしましょう。

15. ほかの色で塗装されてる各部も同じ方法で塗装していきます。絵画用のドローイングインクは黒いラインを描き込むのに最適なマテリアルです。アクリル塗料より薄く、乾燥時間も比較的長いので筆先で固まってしまうこともありません。とくに暗い色で塗られた箇所のディテール周りで使用すると効果的です。

16. 突起したディテールを浮き立たせるもうひとつの方法は、明るめの色を使ったハイライト塗装です。ディテールを塗装した塗料に白を加えて明るく調色し、筆でパーツの突起した部分を塗っていきましょう。ドライブラシをする際に色が塗られた箇所を目安にするといいでしょう。

2.シート

戦闘車両のインテリアのうち、シートクッションはほかのパーツとは少し違い、シワや折り目などの要素がある部分です。ここではそれらを表現する2種類の塗装例を紹介します。ひとつはシンプルな塗り分けで短時間で行なえる塗装法、もうひとつは時間と手間がかかりますが、さらにリアルに質感が醸しだされる塗装法です。

── シンプルモード ──

17. まずはほかのインテリアを構成する箇所と同じく基本塗装を筆塗りで行ないます。クッションの輪郭をなぞるように塗装し、その内側を塗りつぶしましょう。

18. クッション塗装に茶色よりも明るい茶系の色でシワの部分を強調します。色は基本色へ白を混ぜて明るくしたもの、または明るい茶色で調色された塗料をそのまま使うといいでしょう。このハイライト表現はドライブラシのテクニックを使って塗装します。

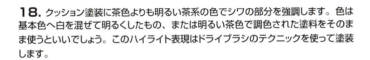

19. ハイライトに使用した色をさらに明るく調色して、細筆を使ってシワや折り目の頂点を明るく描き込んでいきます。

20. シートや背もたれの中央を暗く塗装して、使用感を出しましょう。暗い色のエナメル系のウォッシング液を使うと簡単です。まずはクッションの中央部分にウォッシング液を塗り、乾燥させます。乾燥させたら柔らかい筆で、ウォッシング液で付けられた影の輪郭を擦り、ボカしながら周囲とブレンドしていきます。

21. こうしてやればクッション部分に立体感が簡単に演出できます。ハイライト部分とシェード部分とのコントラストをつけ過ぎないように気をつけましょう。グラデーションの効果が薄れてしまいます。今回、クッションの塗装で使用した塗料はアモ・バイ・ミグヒメネスのダーク・トラックを基本色として、ハイライトは明るい茶色のロートブラウンを使い、いちばん明るいシワの頂点などはロートブラウンに白を足したものです。中央の窪んだシェードの箇所にはNATOカモフラージュウォッシュを使っています。

―― **エキスパートモード** ――

22. ここからは一般的にフィギュア塗装で使われるハイライトテクニックを用いてさらに立体感を出す方法を紹介していきます。基本色の塗装方法はシンプルモードと変わりませんが、少し暗めの茶色を選んでもよいでしょう。この基本色がいちばん暗いシェードの色となります。

23. 第2段階はハイライトです。基本色の茶色に同系の明るい茶を混ぜて調色した色を使います。クッション中央の基本色を残すように塗装していきます。水で希釈すると自然なグラデーションがつきやすくなるでしょう。いっぺんにコントラストが強くなり過ぎないように、ハイライトの色の明度も調整しましょう。

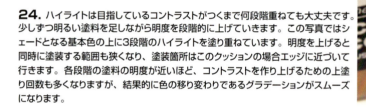

24. ハイライトは目指しているコントラストがつくまで何段階重ねても大丈夫です。少しずつ明るい塗料を足しながら明度を段階的に上げていきます。この写真ではシェードとなる基本色の上に3段階のハイライトを塗り重ねています。明度を上げると同時に塗装する範囲も狭くなり、塗装箇所はこのクッションの場合エッジに近づいて行きます。各段階の塗料の明度が近いほど、コントラストを作り上げるための上塗り回数も多くなりますが、結果的に色の移り変わりであるグラデーションがスムーズになります。

25. 目指しているコントラストをハイライト塗装で再現しました。その後、さらに明度を上げた塗料でシワや折り込まれた部分を塗装します。最後にシワの間のシェードをいれることで、さらに立体感を出すことも可能です。

26. シンプルモードより時間がかかり、テクニックも必要ですが、塗装されたシートを見るとその違いが大きいことがおわかりいただけるでしょう。塗料はシンプルモードの時と同じくアモ・バイ・ミグヒメネスのダーク・トラックが基本色となり、ハイライトはロートブラウンです。また同社のダストという明度の高い砂色でロートブラウンを段階的に明るくして使用しました。最後のシワの部分のシェードは基本色と同じダーク・トラックです。

3.劣化した塗装色と土汚れなどのエフェクト

次はAFVモデルのインテリアにウェザリングを描き込んで、汚れや退色、使用感を再現するいくつかのテクニックを紹介していきます。

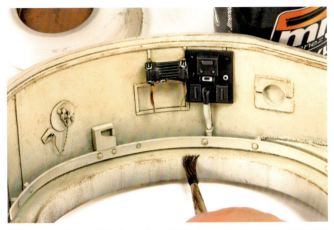

27. ドライブラシは塗料がランダムに剥がれたチッピングを再現することに優れた技法です。このティーガーIのインテリアのように明るめの色で塗装されている場合のグレーや茶色などの暗いトーンの塗料を使いましょう。露出が高い箇所や、突起した部品などによく見られるウェザリングです。

28. ブラシを擦りつけるほど塗膜がキズ付いた状態になります。平らな箇所に施すと小さな点を集合させたように描き込まれ、サビなどで塗膜が荒れて窪んだり、プライマーなどが見えている状態が再現できます。

29. 細筆とアクリル塗料を使ってチッピングを描き込むことも可能です。基本色より明るめの色、暗めの色と、どちらの色でも描き込みに使用できます。描き込みに使用した塗料が完全に乾く前であれば爪楊枝などで擦り、チッピングに変化を加えることもできます。また水で湿らせた筆を使って拭き取ってしまうことも可能です。基本色を光沢クリアーで保護しておくと、リタッチや拭き取りもより楽になります。

30. チッピングで剥がれた塗料の下の金属面を描き込みます。これも以前と同じように細筆とアクリル塗料を使用しています。各ディテールのエッジ部分と凸モールドの箇所は現実にダメージが及びやすい箇所なので、この表現がいちばん映える部分でしょう。

31. 水性色鉛筆は擦り傷やこまかいチッピングなどを再現するときに重宝します。この画像ではシルバーの水性色鉛筆を使っています。ここでは塗料と違いツヤ消しのクリアーの塗膜の方が鉛筆の色が残りやすくなります。完全にツヤ消しにする必要はありません。薄くツヤ消しのクリアーを吹き付けるだけで充分です。完全にクリアーの層が乾燥してからチッピングを施しましょう。

32. チッピングを再現するほかの方法に、専用のチッピング液を使うやり方があります。ここではチッピングを行なった際に見えるオキサイドレッドの上からチッピング液をエアブラシで吹き付けています。チッピング液には大きめの塗膜剥がれを再現するタイプと、小さめの、傷跡のようなスクラッチを再現できるように強さを調整されている2種類があります。自分が表現したいチッピングをイメージしつつ、数回に分けて薄く吹き付けていきます。

33. チッピング液は速乾性ですので、すぐに上から基本色を塗ることができます。基本色が充分に乾燥したらチッピング作業を開始できます。まずは水を含ませた筆で塗膜を湿らせ、基本色の下のチッピング液に水を浸透させていきます。

34. 水が浸透したら、先端が尖った工具や爪楊枝などを使って表面にかるく傷を付け、下地として塗装したオキサイドレッドがみえるようにします。針の先を使うと鉛筆で描かれたようなこまかい傷を再現でき、爪楊枝を使うとそれよりも少し大きめの塗膜の剥がれを作りだすことができます。

35. パーツ全体に広がる塗膜剥がれを再現したい場合は、再度、水を含ませた筆を使います。針と爪楊枝、筆の3種類の道具を使えば、考えられるほとんどのチッピング効果を生み出せます。チッピング液を多く塗っておくと溶かすために使う水も多くなり、必然的にいっぺんに剥がせる面積も多くなります。

36. AFVのインテリアでよくみられるマーキングやプラカード、ステンシルサインの多くは水転写デカールやドライデカールを使って再現することができます。これらデカール類を発売しているメーカーも多数ありますが、持っているキットや以前製作したキットのなかから使用していないデカールをこの機会につかってみるのもいいでしょう。

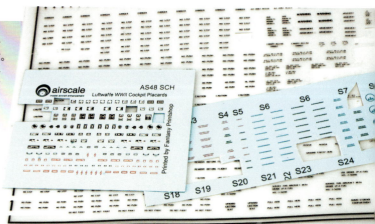

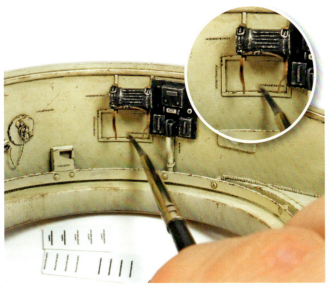

37. 製作している特定車両専用のデカールセットなどがない場合は、似たようなサイズや形状のものを探して使用しましょう。のちのチャプター3.6でデカールの貼り方を詳しく解説します。

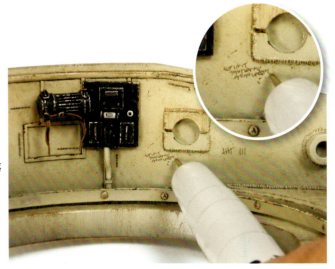

38. 極細の0.2mmコピックマーカーなどを使えば、搭乗員による戦闘室内部の落書きなども描き込むことができます。

39. 戦闘室の水平面に溜まった泥やホコリ汚れも再現してみましょう。ウェザリング用のマテリアルであればタイプは問いませんが、アモ・バイ・ミグヒメネスのインテリア用ストリーキング・グライム（エナメル系）であれば、どのタイプのインテリアにも使えるはずです。各部の奥まった、ほこりが積もりそうな箇所に筆で塗装していきます。

40. 5分ほどで触れられるぐらいに乾燥するので、色の境目を乾いたキレイな筆でぼかしていきます。この方法であれば汚れている箇所からきれいな箇所への移り変わりをスムーズなグラデーションに仕上げることができます。

41. ストレーキング・グライムと同じ、エナメル系のウエザリング用マテリアルで垂直面のウェザリングを施していきます。水平面のウェザリングとほぼ工程は一緒です。まず縦の面に垂れを描き込み、乾燥させます。これは少々荒くてもかまいません。

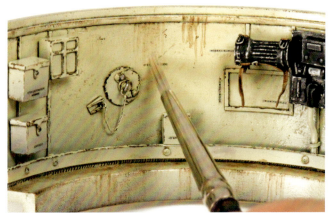

42. うすめ液成分が乾燥したら、乾いた筆を使って描き込まれた線をボカし、エフェクトを弱くしていきます。筆はあくまでも垂直方向に動かしましょう。エナメルの顔料が下のほうへ溜まってしまうのを防ぐために筆の動かし方も上から下へだけでなく、その逆方向へも交互に行なうとよいでしょう。

43. エナメルうすめ液を含ませた細筆で汚れを縦方向に拭き取ってキレイな箇所を作りだし、汚れが垂れた線を強調させることもできます。その箇所のウェザリング効果が気に入らなければ、全て拭き取ってしまうこともできます。拭き取ってしまう場合も、筆は縦方向に動かすといいでしょう。

44. 暗い箇所へのウェザリングで頻繁に使われるもうひとつのエフェクトは埃色によって演出される退色表現です。「ライトダスト」や「レインマークエフェクト」などの埃（ダスト）系の色を使います。退色表現を施したい箇所へこれらのマテリアルを筆塗りして、あとは以前の工程と同じく、筆とうすめ液をつかってエフェクトの強さを調整しましょう。

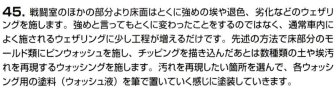

45. 戦闘室のほかの部分より床面はとくに強めの埃や退色、劣化などのウェザリングを施します。強めと言ってもとくに変わったことをするのではなく、通常車内によく施されるウェザリングに少し工程が増えるだけです。先述の方法で床部分のモールド類にピンウォッシュを施し、チッピングを描き込んだあとは数種類の土や埃汚れを再現するウォッシングを施します。汚れを再現したい箇所を選んで、各ウォッシング用の塗料（ウォッシュ液）を筆で置いていく感じに塗装していきます。

46. 続いて、シミのようになっている埃色のウォッシング液をエナメルうすめ液と筆を使い、広げていきます。埃や土の再現用のウォッシュ液の好みの色を選べばよいのですが、おすすめは埃色と茶系、そして少々の黒を使うと良いバランスを出せるでしょう。

47. 表情を増やすため、明度の違う土や濡れた泥などの色味のウォッシング液を使って、乾燥した最初のウェザリングの上から再度同じ工程を繰り返します。明るい色味と暗い色味の両方を用意しておきましょう。ここで使用したウォッシング液は「アース」と「フレッシュマッド」です。

48. これで土や泥など、地面からの汚れが表現されました。エナメル系塗料は乾燥がゆっくりなため、うすめ液をふくませた筆でじっくり時間をかけて調整することが可能です。

49. ピグメントを使った技法も土汚れの表現を作り出す選択肢のひとつです。エナメル系のウォッシング液と同様、コントラスト用に明るい色と影になる暗い色を同時に使いましょう。ここでは明るめの「ヨーロッパ・アース」と、暗い「ダーク・アース」という2種のピグメントを使っています。最初に、乾いた筆を使ってピグメントをパーツに置いていきます。

50. ピグメントがうまく配置できたら「ピグメント・フィクサー」を塗布してパーツ上に固定します。このピグメント固定用液は、少量であればエナメルうすめ液で希釈することができます。そして液体の流れをよくすることが可能です。また、固定用液が乾燥するあいだ、筆を使ってピグメントでのウェザリングを調整することもできます。

51. 最後の工程は水やオイル、燃料漏れの跡などの「ツヤ」のウェザリングです。エナメル系のウェザリング液である「フレッシュエンジンオイル」を使って、液体がこぼれたあとの滲みを再現します。乾燥するとスケール感を失わずに、オイルのツヤのある滲みが再現できます。オイルと水では少々表現のし方が違い、水の場合は滲み跡のエッジ部分をエナメルうすめ液と筆でぼかして処理をするとよいでしょう。

4.最終調整

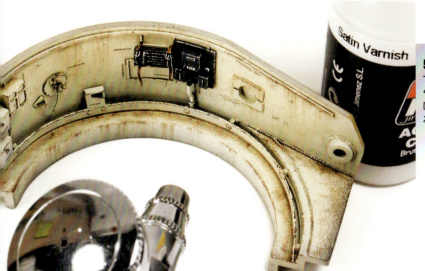

52. エナメル系塗料でのウェザリングをすべて施し終えたら、ツヤ消しクリアーを使って全体のコントラストを調節します。これはあくまでもモデラーそれぞれの好みで、調整が必要と感じた場合にだけ行なえばよいでしょう。エアブラシでツヤの具合がちょうど良くなるまで薄く数回に分けて吹き付けてましょう。

53. ここからはAFVによく見られるペリスコープや各照準器などのガラス面をリアルに再現する技法を紹介します。ガラスを再現する定番の素材は薄い透明プラ板です。まずこの透明プラ板をペリスコープの照準サイトのガラス部分にはめ込める大きさに切り出します。実際のペリスコープのガラスは暗く色が付けられていたり、コーティングが施されていたり、また透明であっても、その厚さゆえに色がつけられているように見えることがあります。この色味は、切り出した透明プラ板の片面に適当な色のクリアーカラーを塗装することで簡単に再現できます。

54. 切り出した透明プラ板をペリスコープの定位置に貼り付けます。透明のままであれば接着面はどちらでも構いませんが、クリアーカラーを塗装した場合は、塗装面を内側にして固定しましょう。固定（接着）には塗装に使ったクリアーカラーと同じ、水性アクリルの透明クリアーを使用します。これで透明プラ板が曇りにくくなります。

55. 完成するとこのようなガラス部分が再現できます。アモ・バイ・ミグヒメネスの水性クリアーカラーは色の種類が豊富で、さまざまな色味のペリスコープやガラス部分の再現に対応しています。

56. 磨かれた塗装面の表現は、シルバーの色鉛筆や、シルバーやガンメタルなどのメタリック系塗料をドライブラシ、またはメタリック系のピグメントを付けた綿棒をこすり付けることで輝きを再現します。下地がツヤありの黒で塗装されている場合は光り具合がいっそう深く、強いものとなります。

57. 角が立ってる部分にメタリックの輝きを与えたい場合は2Bなどの柔らかい鉛筆でその部分をなぞります。この作業はすべてのウェザリング工程とクリアー塗料によるツヤのコントロールが終わったあとに行なうといいでしょう。また、この上にエナメルなどを上塗りするとせっかくの輝きが消えてしまうので注意してください。

58. 戦闘室内の側壁と天井部分ではそれぞれ違うレベルのウェザリングが施されていますが、チッピングは基本的に車内全体で見ることができます。とくに露出が多い角部分やハンドル部分などです。また土や泥などは奥まった床の隅などに集中しています。ハッチからは水が流れてできたストリーキングが描き込まれています。

48

59. 床のすべり止め加工が再現されている凸モールド部分を金属色で光らせます。水性鉛筆のメタリック系の色と通常の2Bの鉛筆を使って2種類の違う輝きを再現します。また、ガンメタルのピグメントを、綿棒を使って突起部分と平らな部分に擦りつけて金属感を演出します。パーツ中央の半球となっている箇所がピグメントを使用した箇所です。磨かれた金属が露出しています。

60. 搭乗員が長い時間過ごす戦闘室の床は強いウェザリングを施してあります。すべり止めにもハードなチッピングと磨かれた金属感を演出して過酷な環境を演出。埃や泥汚れもキツく、オイル漏れや水が溜まった跡なども描き込んでいます。

61. これらのステップをたどっていけば、説得力のあるリアルなウェザリングを車内に施すことが誰にでもできます。すべてのウェザリングは、その表現の度合いをコントロールすることが重要です。古く、ダメージが多い車両をつくるか、まだ新しい配備されたばかりの車両を再現するのか。ウェザリングはそれらを演出するための需要な項目のひとつなのです。

5.その他の例

最後に、仕上がったインテリア塗装をご覧いただきましょう。

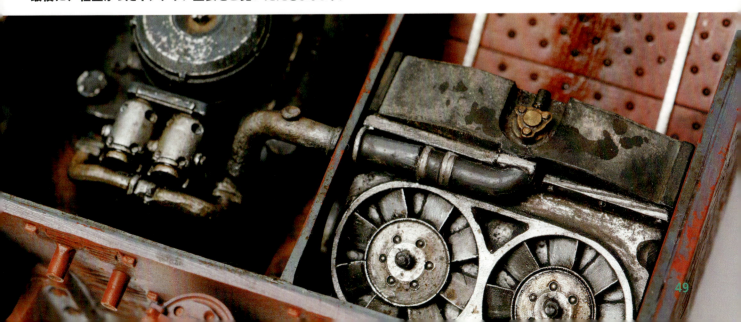

49

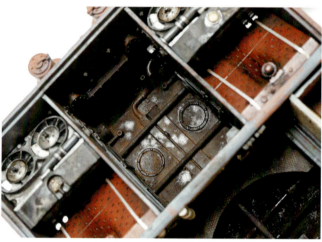
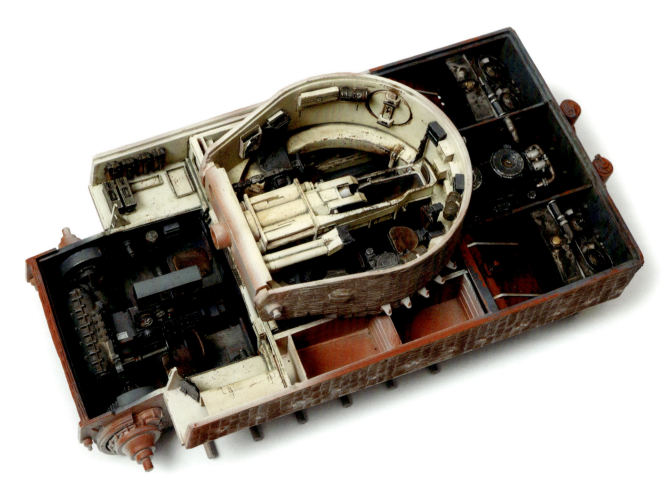

62. ここからはSdkfz.251を例にインテリア塗装を見ていきましょう。こうしたオープントップ車両にはインテリア塗装が必須です。車両の床部分には強めの土汚れなどを再現することができますし、湿気の強い環境で使われた車両では泥や錆もひどくなるはずです。また、車内に枯れ葉などを配置する演出ができるのも、オープントップならではです。

63. 車内に配置されている砲架は、オイルやグリスの汚れを再現して見せるには最適の部分です。暗めのウォッシング液「NATOウォッシュ」と「フレッシュエンジンオイル」を使って、ギア類や可動部分によく見られるツヤのあるオイル汚れを再現します。

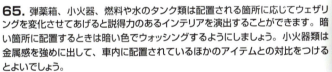

64. 砲尾部分は一般的にほかの箇所と同じ色で塗装されているはずですが、オープントップ車両の場合は少々、大げさなウェザリングをしたほうが丁度よくなります。

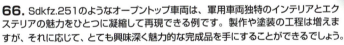

65. 弾薬箱、小火器、燃料や水のタンク類は配置される箇所に応じてウェザリングを変化させてあげると説得力のあるインテリアを演出することができます。暗い箇所に配置するときは暗い色でウォッシングするようにしましょう。小火器類は金属感を強めに出して、車内に配置されているほかのアイテムとの対比をつけるとよいでしょう。

66. Sdkfz.251のようなオープントップ車両は、軍用車両独特のインテリアとエクステリアの魅力をひとつに凝縮して再現できる例です。製作や塗装の工程は増えますが、それに応じて、とても興味深く魅力的な完成品を手にすることができるでしょう。

51

2.3
エンジン部の塗装とウェザリング
Painting Engines

実車のエンジンやその周辺機器にはオイルやグリス類が多用されているため、車内のほかの箇所とは違ったスタイルの劣化や使用感が現れてきます。チャプター2.3ではそうしたエンジン周辺の独特な汚れを再現する方法を見ていきましょう。これまで通り、ベーシックでシンプルな再現方法と、さらに踏み込んだ精巧なウェザリングのふたつのアプローチ方法を紹介します。

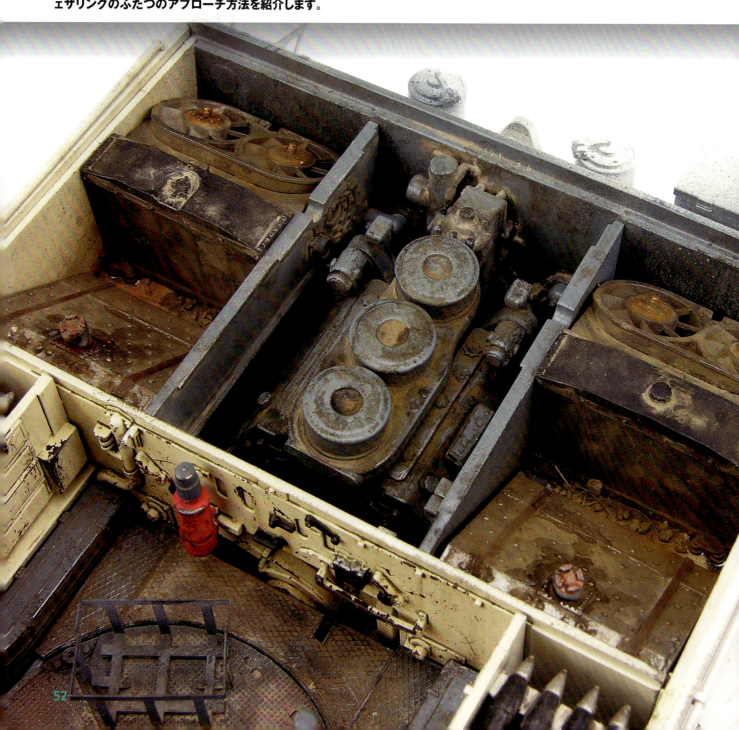

2.3.1 基本的なエンジンの塗装法

それでは最初に、戦車のエンジンブロックを例にして、シンプルでありながら効果的な塗装法を見ていきましょう。まずはどのあたりが作業の要所となるかを見極めてから作業を開始します。なお、ここで紹介する技法は戦車のエンジンでも他の車両でもそれほど変わることはありません。

1. 最初は下地を作ります。あとでエナメル系のウェザリングマテリアルを多用することになるので、サーフェイサーはしっかり全体に吹き付けておくようにしましょう。

2. 基本色を水性アクリルで塗装します。部分的に違う明度の塗料を使用する場合は、基本塗装に使った色をベースとして調色するとよいでしょう。

3. エンジンに付属する機器類は筆で塗り分けます。ここでは「スチール」を使っていますが、同色でチッピングをすでに描き込んである状態です。チッピングの描き込みにはできるだけ穂先が細い筆を使いましょう。

4. ウォッシング液を使ってパーツの角や窪みに溜まった汚れを再現します。ここではグレーっぽい茶色の色合いが再現できるアモ・バイ・ミグヒメネスの「エンジンの汚れ」ウォッシング液を使っています。ダークグレーが基本色になっているエンジンパーツに使用すると目立ちすぎず、ちょうどいいバランスで汚れが再現できます。さらに汚れを目立たせたい場合は茶色の色味が強い「アース」のようなウォッシング液を重ねて使用しましょう。これらもエナメルうすめ液で、好みの濃さに調整できます。

5. エンジンの平面部分には強めに汚れの溜まった表現を施します。

6. 高温で酷使されるマフラーは錆びやすい部分です。ここも「ブラウンウォッシュ」と「トラックラスト」のウォッシング液を使うことで簡単にリアルな再現が可能です。

7. エンジン全体への埃汚れやマフラーの錆の表現が乾燥したあと、エナメルうすめ液を使って各部の汚れ具合を調整していきます。筆にうすめ液を含ませて、表現が大げさになってしまった箇所などのウォッシング液を拭き取っていきましょう。

8. 最後の工程は「フレッシュエンジンオイル」のウォッシング液を使ったオイルの滲み表現です。細筆に少量ずつ含ませて書き込むと、滲みの跡が自然となります。

9. エンジン本体のウェザリングが完成しました。これまで見てきたような少ない工程だけでもリアルなウェザリングになった様子がおわかりいただけるでしょう。各種の汚れを再現するためのウォッシング液の濃度と、表現する場所のコントロールが最大のポイントです。

10. そのほかのエンジン周辺を塗っていきましょう。まずはベースとなる色をエアブラシで塗装します。金属部分を再現する場合にはシルバーなどのメタリック系塗料をエアブラシで塗装します。金属色の下地にはツヤのある黒を塗装しておくとさらに金属感が増します。

11. 色の塗り分けをする際は、筆で塗り分けたほうがいいのか、マスキングしてエアブラシで塗装したほうが効率的なのかをあらかじめ決めておくことが大切です。その判断は場所やパーツの形状にも左右されます。なお、ツヤの有る塗装をしたいときは、エアブラシを使ったほうが効果的にツヤを出すことができるでしょう。

12. 金属色が乾燥したらウェザリングをはじめましょう。アモ・バイ・ミグヒメネスの「ストリーク汚れ」のエナメル系塗料を使用して燃料による汚れを再現します。最初に筆で塗料を燃料タンクの部分にのせていきます。塗料が集中する箇所とそうでない箇所をわざと作り出します。

13. 乗せた塗料を数分乾燥させたあと、エナメルうすめ液を含ませた細筆で塗料を下の方向へと伸ばしていきます。「流れた跡」の表現は塗料の乾燥時間と筆に含ませるうすめ液の量でコントロールしましょう。濃く残したいときは含ませるうすめ液の量を少なく、塗料の乾燥時間を長くとりましょう。薄く再現する場合はその反対です。

14. エナメルで作業したあとは、5分以上触らないようにしましょう。エナメル系の塗料は完全に乾燥してからでも、乾いたキレイなブラシで撫でることで汚し塗装のエッジをボカすことができます。また、ツヤありの塗膜の上にエナメル塗料を塗装すると、少しですが乾燥時間が長くなってしまうので注意しましょう。

15. 最後に黒系のウォッシング液で細部にピンウォッシュ（スミ入れ）を施し、ディテールに立体感を強調すると同時に、基本色へコントラストをつけます。ここでは黒が強い「NATOウオッシュ」を使ってピンウォッシュを行ないました。

16. 傾斜部分に施された燃料垂れの跡、平面部分へランダムに置かれた軽い埃汚れを施し、最後にスミ入れでディテールを強調します。こうした簡単なステップで時間をかけなくても、リアルなウェザリングが施せるのです。

17/18. 廃棄などで長い期間放置されていたり、炎上してしまった車両のエンジンなどは、ピグメントを使って錆びや焦げた状態を再現すると効果的です。こういったところに使用するのはアンバーやオレンジ系の色がいいでしょう。まずは乾いた筆を使ってパーツにピグメントを載せ、「ピグメントフィクサー」、または水性アクリルのうすめ液を含ませた筆で固定しましょう。

2.3.2 高度なエンジンの塗装法

　この節ではエンジンやエンジンルームなどのウェザリングに使えるいくつかのテクニックを紹介していきます。これは前チャプターと同じく、AFVだけでなく、ソフトスキンなどの通常車両にも使えるテクニックです。また、戦闘室のインテリア塗装の時と同様、ここで紹介するテクニックのすべてが必須なわけではありません。最適なテクニックを、再現したいシチュエーションにあわせて選んで施せば、充分リアルで魅力的な作品が作り出せるはずです。

1.エンジンの塗装とウェザリング

1. まずは下地を作るため、エンジン本体にサーフェイサーを塗装します。基本塗装の上からエナメル系のマテリアルをはじめとしたハードなウェザリングを施すためにはこの工程が必要です。使うサーフェイサーはホワイトとブラックの2種類で、この工程からハイライトとシェードを意識した塗装を行なっていきます。ブラックサーフェイサーでエンジンパーツ全体を塗装したあと、上面から光を当てて自然なコントラストの様子を観察し、それを基準にホワイトサーフェイサーをエアブラシで吹き付けます。

2. ついでエンジンの基本色を塗装します。今回は下地のサーフェイサーでハイライトとシェードを塗装表現してあるので、基本色はこうした下地が透けるように薄く吹き付けます。アモ・バイ・ミグヒメネスの「トランスパラトール」を基本色にまぜて調色すると塗料の透明度が上がって下地が透けやすくなり、効果的なハイライトとシェードが表現できるようになります。

3. チッピング液を使った塗装の剥がれ（チッピング）を表現したい場合は、この下地の上にシルバーなど金属系の色を塗装し、その上からチッピング液を塗布しておいて基本塗装をします。エンジン上部のほうがハッチなどからの露出面が多く、塗装が剥がれやすいはず……など、チッピングで表現したいことを考えて作業しましょう。なお、ここではパーツの上側へ重点的に「スチール」を吹き付けています。チッピング液は薄く、ムラにならないように数回にわけてエアブラシで塗装します。

4. チッピング液が乾燥したらエンジンの基本色をエアブラシで塗装し、下地に塗ったスチールを完全に覆ってしまいます。基本色も可能な限り薄い塗膜になるよう気をつけましょう。

56

5. 充分に基本塗装が乾燥したらチッピングを施していきましょう。まずは基本塗装の塗膜を水で湿らせてチッピング液を活性化させます。続いて基本塗装の塗膜を、先端が尖った工具類で傷つけていきます。先端が比較的太く、柔らかい爪楊枝などを使えば太い傷や剥がれを表現することができます。

6. チッピング液を使わずに、水彩鉛筆のシルバーなどの金属色や、面相筆を使って下地として塗装した「スチール」を描き込むことでもチッピングすることができます。もちろん3種類のチッピング再現方法を全部使って表情を豊かにすることもできます。

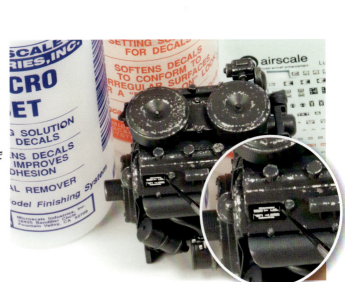

7. エンジンまわりの機器類の塗り分けは筆と水性アクリル塗料で行ないます。水性アクリル塗料を使えば基本塗装を侵すこともなく、また乾燥時間も比較的短いので、作業を短時間で済ませることができます。

8. エンジンに取り付けられている文字盤などはデカールを使って再現してもよいでしょう。多くのメーカーからこうしたデカールが発売されています。

9. アモ・バイ・ミグヒメネスの水性アクリル塗料には、エナメル系塗料を使ったウェザリングをする前のトップコートは必要ありません。ただ、それでも心配なモデラーはエアブラシでクリアーを吹き付けて塗膜を保護しておいてもいいでしょう。

57

10. ウェザリングに使用できるマテリアルにはとても多くの種類があります。その中からダークグレーの基本塗装がされたエンジンに使えるものを選びます。一般的に使える「エンジン汚れ」（写真左端）は、今回のようなケースではグレイの色味が強くて目立たないので、もう少し茶色味が強い「アース」（写真左から2番目）と混ぜて使うと良いでしょう。エナメルうすめ液（写真右端）を使ってそれぞれの希釈度を変えてあげると、汚れの強さに変化をつけることができます。

11. パーツの隅や分かれめ、角などに「アース」を使って埃が溜まったような表現をします。さらに同じ塗料を希釈して、ディテールの細部ではなくエンジン全体にウォッシングを施し、全体的な埃っぽさをだしつつ統一感を与えます。暗い「NATOウォッシュ」を使ってピンウォッシュを施し、ディテールを浮き上がらせてもいいでしょう。

12. 平面にはランダムに滲みを描き入れます。こうした部分も上を向いている場所には「アース」の埃汚れの色を使い、地面側には影となる暗い「NATOウォッシュ」を使います。

13. 平面に施された滲みの埃汚れと影の色をエナメルうすめ液をふくませた筆でブレンドします。

14. エンジン側面の傾斜した部分へ、水で流された埃の跡を再現するため、垂直の線を好みの土系の色を使って描き込みます。数分間乾燥させたあと、うすめ液を含ませた細筆で垂れた線の塩梅を調整します。

15. 埃や土汚れの表現をするために再び登場するのはピグメントです。オレンジ系の色を使えば熱を帯びてサビが浮き出したマフラーの再現などにも使用できる便利なマテリアルといえます。ここでは「トラック　ラスト（錆）」「ライトラスト（錆）」「コンクリート」「ブラック」の4種類を用意しました。

16. 使用方法は簡単です。使い古した筆を使ってピグメントをマフラー部分に擦り付けるだけです。錆色でいちばん暗い「トラック　ラスト（錆）」をマフラー全体に軽く擦りつけます。次に「ライト　ラスト（錆）」、「コンクリート」の順番でエリアを絞って筆で付着させていきます。最後に「ブラック」のピグメントを、パイプの後部を中心に擦り付けて煤の表現とします。

17. ピグメントの固定にはエナメルうすめ液で少しだけ希釈した「ピグメントフィクサー」を使います。希釈すると流れがよくなり、全体へ行きわたらせることが楽にできます。1回で固定できない場合は乾燥したあとにもういちど全体を湿らせて、しっかりと固定しましょう。

18. グリスやオイル汚れなどのツヤのあるウェザリングの再現には「フレッシュエンジンオイル」を使います。この塗料もエナメルうすめ液で希釈して使用することができます。「NATOウォッシュ」と混ぜると暗い色味となり、混ぜていないものと同時に使用することで汚れの表情にもコントラストが付けられます。

19. オイルが漏れている表現は筆で描き込むシンプルなテクニックです。ツヤの出る「フレッシュエンジンオイル」を使用します。

20. 同じような趣旨で、オイルがこぼれた滲みや溜まったような箇所を平らな部分に作りだします。エナメルうすめ液や暗いウォッシング液を混ぜると色の濃さにバラエティーが増え、オイルが付着した時や量の違いが表現できます。

21. 最後に鉛筆や水性色鉛筆を使って部品の角を輝かせ、チッピングのような効果を見せます。通常の鉛筆は落ち着いた輝きを、水性色鉛筆の金属色は強い光り方を再現することができます。

22. エンジンの塗装とウェザリングが完成しました。ここで紹介したステップをたどっていけば、あらゆる車両のエンジンにリアルな汚し塗装を施すことが可能です。ウェザリングの量を調整することで、もっと新しいエンジンを再現することも可能です。

2.エンジンルームの塗装とウェザリング

ここからはエンジン本体が収まる戦車の後部区画と、その周囲にある燃料タンクなど、周辺の装備品類の塗装とウェザリングのテクニックを紹介します。

23. 今回の作例の車両のように、エンジン区画が比較的広い場合はスポンジをつかったチッピングが効果的です。まずは錆や車両のプライマーの色を再現する塗料をペーパーパレットなどの上に出して薄く伸ばし、スポンジが塗料を含み過ぎないよいにします。続いてスポンジに塗料を付着させ、数回、紙などに押し付けて余分な塗料を取り払います。スポンジは不規則な形に切っておくのがいいでしょう。

24. スポンジの塗料が紙に移るか移らないかぐらいの調子になったら、いよいよ作業開始です。チッピングを施したい箇所に押し付けていきましょう。塗料が完全に部品に付かなくなったら作業をやめ、もういちど前の作業を繰り返して、徐々に塗膜が剥がれた表現を増やしていきます。このテクニックは、ほどよいチッピングを表現することに適したもので、激しいチッピングや、微妙な塗膜のはがれを再現するものではありません。手早くできる作業であり、施したチッピングが気に入らなければ筆と水をつかって拭き取り、再び作業することも可能です。

25. さらに深く塗膜が剥がれて金属面が露わになった部分の再現は「スチール」などの金属色を筆で描き込むことで再現できます。

26. レッドプライマー色で塗られた部分は、ダークグレーなどの色味で剥がれて時間がたったチッピングを再現し、新しい傷などは「スチール」で書き込みます。

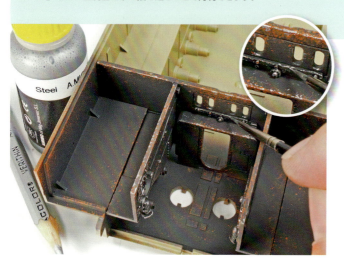

27. 泥や埃がオイルと混ざり、徐々にエンジン区画に溜まっていった様子を再現します。この表現に最適な暗いトーンを持つ「ロシアンアース」のピグメントを、パーツの下部に集中させるように筆で乗せていきます。上部はあまり汚しをしないようにしましょう。

28. ピグメントを付着させた箇所に、黒いウォッシング液の「NATOウォッシュ」をエアブラシで吹き付けます。ピグメント同じくパーツの下部、地面に近い部分を中心に吹き付けましょう。この黒いウォッシング液がピグメントと混ざると、実際にオイルと土が混ざったような非常にリアルな汚れを再現することができます。ピグメントを付着させる工程から繰り返せば、さらに溜まって、土汚れが崩れたような表現まで可能となります。好みの表現になるまでピグメントとウォッシングの工程を繰り返します。

29. エナメルうすめ液で希釈した「フレッシュエンジンオイル」のウォッシング液をエアブラシで吹き付けるとツヤが出るので、漏れたばかりの新しいオイル染みが再現できます。

30. 「フレッシュエンジンオイル」は筆を使ってスミ入れの要領で塗装するとさらに湿ったような表現が可能となります。

31. オイルと泥が混ざった汚れのもうひとつの表現方法を平面箇所でやってみましょう。まず平面部に「アース」のピグメントを多めにふりかけます。これは「アース」でなくても、暗いダークブラウン系のピグメントであれば大丈夫です。ピグメントを平面にまぶしたら「フレッシュエンジンオイル」のウォッシング液でピグメントを湿らせます。ウォッシング液の広がりが悪い時はエナメルうすめ液で希釈しましょう。

32. 「フレッシュエンジンオイル」と筆、爪楊枝を使えばオイルが飛び散った様子もリアルに再現できます。薄めると広がる範囲は増えますが、色がなくなりあまり効果がみられなくなるので、薄めすぎないように注意しましょう。

33. チッピングと泥、オイルの滲みや飛び散りを表現することで、とてもリアルなエンジン区画のウェザリングを施すことができました。

34. エンジン区画のウェザリングの最終的な工程は、燃料タンク周辺にこぼれた燃料が垂れた跡やシミの再現です。ここはエナメル塗料のエフェクト剤である「フュールステイン」を使用します。エナメルうすめ液で希釈するとツヤの度合いも調整することが可能です。色味の違う「フレッシュエンジンオイル」も同じようにツヤがある滲みを再現できますが、このふたつのエフェクト剤はうすめ液を少しずつ混ぜて希釈するとツヤを失わずに浸透しやすい濃度に調整することができます。

35. 濃度が調整できたら筆で燃料が流れた跡を描き込みます。正確な描き込み箇所のコントロールができるように穂先が細い筆を使いましょう。筆に塗料を含ませすぎないように注意します。

36. 一度乾燥させてから上塗りすることでツヤをさらに強調させることができます。燃料がこぼれて溜まった部分などがこの作業で表現できます。

37. とてもリアルなツヤとともに、燃料などの液体が流れ出した状態をパーツ上に再現することができました。

38. 各部に説得力のあるエンジン区画が創りだされました。この節で紹介したテクニックはAFVに限らず、軍用トラックなど、さまざまなタイプの車両のエンジンやそれに付属する機器、あるいはそれらが収められる区画内の再現に使えることでしょう。

3.その他の例

エンジンとその周囲をリアルにする方法を紹介してきたこのチャプターの最後に、これらのテクニックを使い、製作する車両の設定を変えた作例をご覧いただきましょう。使うテクニックは同じでも、ウェザリングの量によってシチュエーションが変わるのがご理解いただけるでしょう。

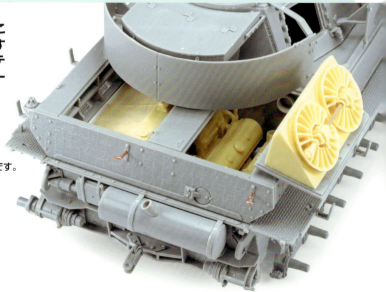

39. 今回製作するⅣ号戦車は、砂埃が激しい砂漠で使用されたという設定です。

40. 下地となるサーフェイサーを塗装し、乾燥させたあとにエアブラシで基本塗装の「レッドブラウン」を吹き付けていきます。

41. エンジンにエアブラシで基本色を塗装します。基本色以外の色が塗装される部分はサーフェイサーのままです。

42. 基本色以外の色を筆で塗り分けていきます。エグゾースト部分は薄く希釈したオレンジで塗装し、通常とは異なる様子を再現します。

43. つづいて全体へのウォッシングです。「エンジングライム」のエフェクト剤を、エナメルうすめ液で少々希釈して使用します。

44. ウォッシングが残りすぎた場所は、うすめ液で湿らせた筆を使って、残った塗料を拭き取るようにします。エフェクトを足したいときにはウォッシングを再度行ないましょう。

45. エグゾーストは「ストリーキングラストエフェクト」で、錆びた状態を表現するウォッシングをおこないます。ここは好みの表現になるまで、乾燥とウォッシングを繰り返していきます。

46. エンジン区画に積もった埃や土などを再現します。まずは平面部にピグメントを多めにまぶします。1色ではなく数種類の明るさの違う同系色のピグメントを使用して、再現する埃汚れのトーンに深みを増すようにします。今回は「ライトダスト」「ノースアフリカダスト」「ヨーロッパアース」「ダークアース」の4種類を用意しました。

47. ピグメントを付着し終えたら、「ピグメントフィクサー」を数滴垂らして固定していきます。エナメルうすめ液で希釈すると拡がりがよくなります。

48. 同じようにエンジン全体にも、同じ技法でピグメントを施して、砂漠で使用された埃っぽさを演出します。

49.「フレッシュエンジンオイル」を使ってオイル漏れやグリスの汚れを表現します。うすめ液でツヤのコントロールができますが、滲みの範囲を大きくしたい場合には希釈して使いましょう。

50. エンジン自体にもオイル汚れを施しました。垂直、あるいは傾斜がついた部分にはオイルが流れ、垂れた様子を筆で描き込みます。オイル汚れが乾燥したあと、乾いた筆でその汚れた箇所にピグメントを軽く擦りつけることでトーンの調整をすることも可能です。

51. 少し薄めた「フレッシュエンジンオイル」を、固めの筆を使ってオイルが飛び散ったようなパターンになるよう部分的に施します。ここでも希釈度の違う塗料を使うと表現に深みが出ます。

52. すべての部分が同じようなウェザリングになると単調な表現になってしまいます。場所を選択し、使うエフェクトも種類を限定して行ないましょう。

53. パーツのエッジ部分に「ガンメタル」のピグメントを擦りつけて、チッピングで露わになった金属面が磨かれたようすを再現します。指先にピグメントを少量とってパーツに擦り付けると、磨かれた部分が簡単に再現されます。

54/55. 使用するマテリアルとテクニックは前チャプターの例とほぼ同じですが、このように作業を施す量や激しさで、その車両が使用された環境とコンディションが表現できるようになります。

3

AFVモデルの外装の基本塗装

3.1　パーツの準備
3.2　エアブラシ塗装
3.3　サーフェイサー
3.4　プリシェードとベースコーティング
3.5　エアブラシ塗装でのエフェクト
3.6　マーキングと記章

3.1
パーツの準備
Preparation of Parts

　ほとんどのパーツを組み立ててから塗装することができるのが戦車模型の特徴といえますが、それでもいくらかは分けて塗装する必要があります。また、インテリアの塗装や仕上げが済んでいる場合は車内に塗料が吹き込まないようにマスキングをしっかりと施すことも重要です。ここでは塗装工程の計画を立てて、効率的に作業を進めるためのいくつかの方法を紹介します。

3.1.1. 別々に塗装する必要があるパーツ

　ほとんどのキットの説明書には、組み立ての工程とともに各パーツを塗り分けるための指定色が明記されています。しかし、説明書の進行は組み立てやすさを優先していることが多く、塗装工程まで配慮していることはまずありません。そのため、説明書の工程をうのみにして作業を進め、各部を接着して組み立ててしまうと塗装をする際に不便が生じ、効率が非常に悪くなるケースがあります。まずは塗装作業がスムーズに行なえるような組み立て方の、いくつかの簡単なポイントを見てみましょう。

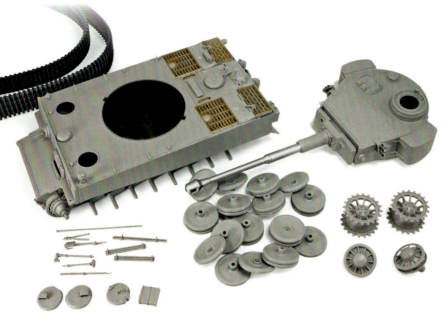

1. 戦車模型を製作するうえでの第一のルールは「塗装に支障がない限り、パーツはできるだけ接着しおく」ということです。これにはメインの基本色や迷彩塗装が筆などで施せるパーツも含みます。筆であれ、エアブラシであれ、それを取り付けることで塗りにくくなる箇所ができてしまうパーツや、車体などに接着すると破損する可能性のある、非常にこまかいパーツなどは接着を避けます。車両ごとに違いはありますが、接着しないほうがのちの作業が楽となるパーツは、転輪、履帯、OVM類、雑具箱などが代表的でしょう。ドアやハッチ類を開けた状態で製作する場合もそれらのパーツが破損しないように接着を控えておいたほうがよいでしょう。また、接着してしまうモデラーは少ないとは思いますが、砲塔も別にしておいたほうがいいでしょう。

2/3. OVM類は車体の基本色や迷彩塗装とは違う色で塗装されていることが多いので、塗装したあとに接着するほうがよいでしょう。牽引ワイヤーやジェリカン、各シート類もそれに含まれます。例外はありますが、まずはパーツの形状と接着する場所をよくみて、固定したあとでも簡単に塗り分けができるか、また塗装するときにそのパーツを破損する危険性がないかを見極めます。塗装が難しいと感じられたら接着しないでおきましょう。それが、あとで対処する項目を増やさない安全策になります。

4. もうひとつ重要なことは、それら別に塗装するパーツへ持ち手など固定するものが取り付けられるかどうかです。いくつかのパーツはスティック状の持ち手やベースとなるシートに並べて固定してから塗装する必要があるはずです。チャプター1.3でそれぞれのパーツの大きさに対応した、効率のよい持ち手の作り方を紹介していますので参考にしてください。

5/6/7. 作例のAMX-13はほとんどのパーツを先に接着してしまってもそれほど塗装に支障をきたすことのないキットです。勿論、モデラーそれぞれの好みにもよりますが、今回は機関銃とアンテナのすべてを先に組み立てて、接着しています。ただし、砲塔は塗装しやすいように接着はしていません。

3.1.2. 転輪と履帯

　一般的に、転輪と履帯は車体とは分けて塗装します。そうすれば車体下部の奥まった部分の塗装効率が向上するからです。しかし状況によってその必要がなかったり、ただ単に不可能という場合もあるでしょう。ここでは転輪と履帯を先に接着した場合の塗装方法を紹介します。

1. 別々に塗装する転輪と履帯パーツもフィッティング（仮組み）を繰り返して、せっかくきれいに塗装したあと、接着する際になってトラブルが発生しないようチェックしておきましょう。

2. 修正の必要がないくらいまでフィッティングをチェックしたら、転輪と履帯パーツを外して塗装をはじめます。こうしておけば塗装の邪魔になるパーツがないので、車体の下部などでも思いのままに作業が進められます。

3. それぞれ別々に塗装とウェザリングが完了したら、車体に転輪と履帯パーツをはめ込みます。激しい泥汚れなどを再現する際は、ある程度のウェザリングが完了した時点でパーツ類を接着し、それから最終的なウェザリングを行ないましょう。

4. T-14アルマータのような現用戦車はサイドスカートで履帯や起動輪などが覆われている場合が多く、スカートパーツを接着する前に塗装しておく必要があります。

5. こうした車両の場合は、履帯と転輪、そして車体下部など、スカートを取り付けると見えなくなってしまう部分をすべて先に塗装しておきます。ウェザリングを施してしまってもいいでしょう。

6. サスペンションと転輪、履帯が塗装できたら、説明書の指示に従って車体へ接着して組み立てます。

7. 最後にサイドスカートのパーツを接着します。

8. ここで先ほどの、すべての足周りパーツを接着済みのAMX-13の再登場です。この車両はサイドスカートもなく、それほど無理をしなくても車体下部に塗装ができるスペースがあります。

9. 目に見えている箇所はエアブラシで簡単に塗りつぶすことができますが、いちばん塗装に不便な部分は転輪の裏側でしょう。ただし、転輪の裏側などの箇所を塗装していなかったとしても、あとから筆などでウェザリングを施すことで充分隠すことが可能です。また、ブラックサーフェイサーを吹き付ければシェードの表現としても利用できます。サーフェイサーが乾燥したあと、履帯に暗い赤茶色の「ダークトラック」を吹き付け、履帯に影を付けます。

10. この車両のような場合は、塗装済みの履帯をマスキングテープで保護して車体の塗装作業を進めていきます。

11. 転輪の基本色をエアブラシで細吹き塗装します。塗膜をなるべく薄く仕上げたいので、転輪のゴム部分にはできるだけ塗料を塗らないようにしますが、それほど神経質にならなくても大丈夫です。

12. 転輪のゴム部分は筆で塗り分けます。ダークグレー系の色がゴム部分には最適です。

13. 必要な箇所をすべて塗り分けることができたら足周りのウェザリングを行ないます。ピグメントやエナメル系塗料でのウェザリングは筆を使う工程が多く、エアブラシより奥まった箇所の作業がしやすいです。

14. 戦車模型の組み立ては、事前に足周りの構造を見極めて、車体に付けておいたほうが塗りやすいのか、外したままのほうが作業効率がいいのかを判断しておくことが重要です。これは車両ごとに違いますし、モデラー自身のスキルにも左右されます。

3.1.3. インテリアのマスキング

すでにインテリアを塗装して組み込んである場合には、ハッチやグリルなどの開口部から塗料が入り込んでそれが台無しにならないよう、車体の基本塗装の前にマスキングして保護しておく必要があります。とくにエアブラシで塗装するときは注意しましょう。ここではいくつかの簡単なマスキングの方法を紹介します。

1. マスキングをするマテリアルにはいろいろありますが、いちばん手頃でよく使われるのがマスキングテープです。ホビーショップでは、模型専用のものが多く揃えられているはずです。

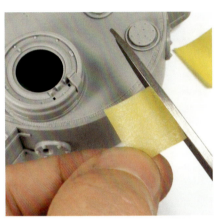

2. キューポラやハッチの開口部などを塞ぐ際には、開いている部分より少し大き目にマスキングテープをカットして使用するのがポイントです。

3. マスキングテープは車内側からしっかりと貼り付けます。作業の際にはインテリアのパーツなどにテープが干渉しないように注意が必要です。

4. 梱包用の緩衝材スポンジなどもマスキングに使用できます。これもマスキングテープと同じように開口部より少し大きめに切って、マスクしたい場所に押し込みます。こうすると緩衝材が広がって穴を塞ぐと同時に固定されます。塗装の邪魔にならないように指で外面と同じ高さになるまで調整しましょう。この方法は車内などからではすでにアクセスできなくなってしまった箇所のハッチ類を塞ぐときに重宝します。

5. マスキングテープとスポンジを使えばほとんどの開口部は塞ぐことができます。ハッチ自体の裏側はマスキングする必要はありません。エアブラシの角度などに注意して外側（車体側）を塗装すればよいのです。

6/7/8. マスキングをする際は、繊細で複雑なインテリアのパーツを折ってしまうことのないようにくれぐれも注意しましょう。もし開口部がスポンジに対して大き過ぎる場合はマスキングテープを開口部の内側へ、壁を作るように一周させて、そこにスポンジを差し込みます。こうすれば開口部の大きさや形に左右されず完璧なマスキングが可能となります。

9. ソフトスキンなど大きめの窓がある車両は、マスキングテープでのマスキングがもっとも効率的なケースでしょう。まずは窓枠より大きめに切り出したマスキングテープを車内側から貼り付けます。マスキングテープが重なる部分は充分な幅を取って貼り重ねると、吹きこぼれが起こる可能性が低くなります。

10. 塗料が内側に吹きこぼれないよう、マスキングテープのエッジ部分がしっかりとパーツに密着していることを確認します。車体とは別に塗装するドアなどにはマスキングテープで「持ち手」を貼り付けて塗装しやすいようにしておきます。こうしたパーツも、塗装面の正面からエアブラシを吹き付けるように注意して作業すれば、いちいちマスキングする必要はありません。

11. すでに車体へクリアパーツなどを接着してあるため、インテリア側からマスキングができない場合は、カーブした部分を外側からマスキングするテクニックを使います。まずは細く切ったマスキングテープを窓枠に沿って貼り付けていきます。窓枠の形によっては、テープを切るなどして調節しなければならない場合もあることでしょう。窓枠を囲えたら、大きめのマスキングテープで窓の中央部をマスキングすれば完成です。

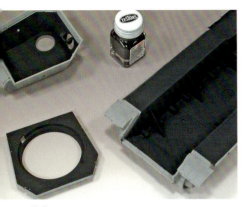
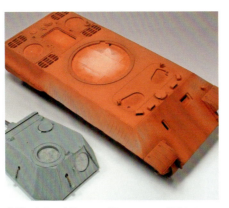

12. インテリアが再現されていないキットであっても、フィギュアを乗せるためなどでハッチを開けた状態にする場合、内部をフラットブラックで塗っておくと、光が差し込んだときでも中の空間が強調されずに済みます。

13. 車体と砲塔の開口部を、1〜5で紹介したマスキングテープとスポンジを使った方法でマスキングした例です。

14. マスキングは作品の完成時まで貼り付けておく必要はなく、エアブラシでの基本塗装が終わった時点で剥がしても大丈夫です。このあとのウェザリングは筆を使って行なう工程が多く、注意していれば車内に塗料が入ってしまうことはないでしょう。

15/16/17. 履帯や転輪などの足周りを車体よりも先に塗装した場合は車体のエアブラシ塗装が完了するまでマスキングしておきましょう。履帯が隠れるように大きさと形をあわせて厚紙を切り出し、マスキングテープで固定します。こうすることで余計にテープを使わずに広い面積を覆うことができます。エアブラシでの基本塗装が終わったら、マスキングを剥がしましょう。

3.2
エアブラシ塗装
Airbrush Painting

　この章ではエアブラシを使った塗装と、その使用時に起こる一般的なトラブルなどの解決法を紹介します。また数ある模型専用塗料のなかでも、比較的頻繁に使用されているものを取り上げ、それぞれの特徴や違いを説明します。最後は使用後のエアブラシの正しい掃除の仕方や、メンテナンス方法も見ていきましょう。

3.2.1. 塗料の種類

エアブラシの使い方を紹介する前に、まずは模型製作に使用する塗料の種類とそれぞれの主な特徴について整理しておきましょう。塗料の違いを理解しておくことは作品の完成度を上げることにも繋がり、塗装時に起きるトラブルを回避できる知恵にもなります。すべての塗料が同じ方法で塗れるとは限りません。なかにはエアブラシ塗装専用のものもあれば、筆でなければ上手く塗れないタイプもあり、またもちろん、どちらの手法でも問題なく使える塗料もあるのです。

1.エナメル系塗料

1. エナメル系塗料は今日われわれが楽しんでいる模型ホビーで最初に使われた塗料です。隠蔽力も強く、完全乾燥後の塗膜も強固です。これらはエアブラシでもキレイに吹くことができますが、うすめ液の匂いが強烈なものもあるので、エアブラシでの塗装時はとくに環境に注意しましょう。また、乾燥時間が長めなので、塗装後、次の工程に進むときに時間がかかることを念頭に入れておきましょう。匂いを抑えたうすめ液もありますが、完全に匂いがなくなるわけではなく、乾燥時間が早くなるというわけでもありません。

2. 上記のような理由から、エナメル系塗料で大きい面積を塗装することは推奨できません。しかし限定された小さいエリアであればエアブラシ塗装に適した塗料です。乾燥時間はしっかりとりましょう。リタッチなどを行なわない場合は、塗装面に24時間は触れないことです。

3. エナメル系塗料は筆でもキレイに塗装できますが、エナメル系同士を重ね塗りをするときは下の色が完全に乾いてからでないとすぐに溶け出し、上塗りする色とブレンドされてしまいます。ラッカー系、水性アクリル系の上への重ね塗りはまったく問題ありません。

4. エナメル系塗料で塗装した面には、その後のウェザリング工程を見越して水性アクリル系のトップコートで塗膜を保護しておくことを推奨します。ウェザリング用のマテリアルが主にエナメル系なので、溶け出しを防ぐ膜を一層作っておくのです。

79

2. ラッカー系塗料（溶剤系アクリル樹脂塗料）

5. 一般的にラッカー系塗料と呼ばれている溶剤系アクリル樹脂塗料は強力なペイントです。エナメル系塗料と同じく匂いの強いうすめ液を使用します。乾燥時間はエナメル系と比べるとかなり速いほうです。メーカーによってそれぞれ純正のうすめ液が発売されていますが、基本的には同じ成分なので、塗料と違ったメーカーのラッカー系うすめ液を使用しても問題はありません。

6. ラッカー塗料の強みは乾燥時間の速さです。エアブラシ塗装の場合には、色を塗り重ねるための乾燥時間をほとんどとらなくても大丈夫です。その反面、筆塗りにはあまり向いている塗料ではありません。

3. アクリル系塗料

7. タミヤのアクリル系塗料とGSIクレオスの水性ホビーカラーは有機溶剤臭も弱く、水で薄めることも可能ですが、エアブラシで塗装する場合には水ではなく、それぞれのメーカーが開発した純正のうすめ液を使いましょう。成分は似ていますが、ラッカー系とは違い、異なるメーカー同士の塗料とうすめ液を混ぜ合わせることは避けます。

8. アクリル系塗料は、登場した時点では筆での塗装に特化した塗料でしたが、開発がすすんで今では筆とエアブラシのどちらでもキレイな塗装ができるようになっています。乾燥時間も非常に速いので快適に塗装が進められます。

9. アクリル系塗料についてはラッカー系やエナメル系の塗料と比べると乾燥後の塗膜が弱いといわれます。しかし、現在販売されているアクリル系塗料は筆とエアブラシのどちらでもキレイに仕上げられるという大きな利点があり、隠蔽力もあって非常にバランスの良いタイプの塗料といえるでしょう。

10. アモ・バイ・ミグヒメネス製のアクリル塗料はエアブラシ塗装をする場合でも基本的に薄める必要はありません。ただ、とくに薄い塗膜を重ねるように塗装したい時には専用のうすめ液を使用しましょう。また、薄めることでエアブラシのノズル先で塗料が乾燥し、詰まることも防ぎやすくなります。

11. アモ・バイ・ミグヒメネス製のアクリル塗料であれば、容器から出したままの濃度での筆塗り塗装もキレイにできます。塗料の流れや広がりをよくしたい場合は専用のうすめ液、または水で薄めることが可能です。メタリックカラーなどの顔料も非常にこまかいので、輝き方も自然です。

12. アモ・バイ・ミグヒメネスの製品は互換性と柔軟性を考えて開発されています。アクリル塗料はウェザリングで使用するチッピング液やエナメル系のマテリアルとも愛称は抜群です。同社から発売されているクリアーで塗膜を保護してからウェザリングを行なうことを推奨しますが、この工程は必ず行なわなくても大丈夫です。乾燥後はウェザリングに耐える丈夫な塗膜となります。

3.2.2. エアブラシで塗装する

いまでは多くのモデラーに欠かせない道具のひとつとなってるのがエアブラシです。キレイな基本色、ハイライト、シェード、そして迷彩塗装を施すため、可能な限りこの便利なツールを使って塗装しましょう。ここではエアブラシを使った塗装テクニックを紹介しつつ、この便利な道具を使う際によく見られる問題とその対処方法も見てみましょう。

1.エアブラシを使う

まずはエアブラシを使った塗装を行なう際に考えておきたい主な要素をレビューしましょう。これらを知っておけば、その工程を楽しみ、快適に行なうことができるはずです。

1. アクリル系塗料などの毒性が弱いとされる塗料を使う際も部屋の換気には注意し、マスクも着用するようにしましょう。吹いた塗料の粒子が部屋に溜まるので、長時間に渡って塗装作業を行なう場合にはとくに重要な注意点です。作業スペースが狭い部屋などの場合は小型の扇風機を回すだけでも空気の循環が良くなります。また、薄手のゴム手袋を着用することも、製作中の車両を綺麗に保つよい方法です。塗膜に指紋が付くことも防いでくれます。

2. エアブラシは、空気と塗料の吹き出す量を手元でコントロールすることができるダブルアクションタイプがベストな選択といえます。それほど高級なハンドピースは必要ありません。実際、高級モデルはグラフィックアートなどを描くためのものが多く、模型の基本塗装のような単純な作業には向いていません。シンプルで耐久性のあるエアブラシであれば模型製作には充分対応できるのです。模型塗装で多く使われているものはノズル径が0.3㎜のタイプです。1/24や1/16などの大きいスケールモデルを塗装するさいには0.5㎜や0.6㎜などの大径ノズルを使うと効率的です。0.2㎜などの小径ノズルは1/72や1/48などの小さいスケールの塗装に向いています。

3. それでは塗装をはじめましょう。塗料のなかには、容器からだしたままの状態でもエアブラシ塗装に使用できる濃度に調節されているものもありますが、ほとんどの場合は専用のうすめ液による希釈が必要となります。エアブラシ塗装にちょうどいい濃度としてよく使われるのが「牛乳ほどの濃さ」という表現です。

4. 牛乳ほどの濃さに希釈された塗料を吹き付ける際に推奨する空気圧は大体1.5kg/c㎡、あるいは20psiほどです（訳注：原書まま。0.1〜0.2Mpaという値が我が国では一般的）。しかし、エアブラシのタイプやノズル径のサイズ、使用する塗料の種類によって調節が必要になってきます。このため、実際に模型への塗装をはじめる前に、塗料が浸透しない厚紙やプラ板などへ試し吹きを行なったほうが無難です。塗料の飛び散りが激しければ濃度が濃すぎるか、空気圧が低い状態です。塗料の希釈度を上げる、または空気圧を少し高めに設定し直し、再度試し吹きしてみましょう。

5. 希釈度と空気圧の設定はいわゆる試行錯誤の繰り返しです。新しいエアブラシやコンプレッサーを使うとき、初めて使うタイプの塗料を吹くときも、試し吹きと再設定を行ない、キレイな塗膜が塗装できる条件を見つけ出します。設定が決まったらいよいよ模型塗装開始です。まずは一定の速度でエアブラシを動かして、色ムラができないように薄く塗料を吹き付けていきます。躊躇せずにエアブラシの動きを止めないことが非常に重要です。動きが止まると一点に塗料が集中し、垂れやムラの原因になります。一度にすべてのエリアをカバーしようとするのではなく、薄く、繰り返して塗装することがキレイな塗膜を作るコツです。

6. 車体など、広い面積を塗装する際にはエアブラシの先端を塗装面から5cmほど離した位置から吹き付けるようにしましょう。ノズルのサイズが大きくなるにつれて塗装面からの距離も遠くなります。その逆で、小径ノズルは塗装面から近距離における塗装作業となります。

7. エアブラシのニードルの先に塗料が少量ずつ溜まる状態はよく見られる現象で、どの種類の塗料でも起こる症状ですが、水性塗料のほうが溜まりやすいことはたしかです。時々、先端を掃除すると安定したスムーズな塗装ができます。あらかじめ使っている塗料の専用うすめ液を含ませた筆をそばに用意しておくと、塗装中でもすぐに掃除ができます。

8. スムーズな塗膜を作るためには希釈度の高い塗料を使って重ねる層を増やす必要があります。全体を塗りつぶすには少し時間がかかりますが、乗用車や一般車両など、キレイな塗装をしたい場合の基本塗装にはこの方法が良いでしょう。AFVでは濃い目の塗料を使用してもかまいませんが、あまりにもムラが目立ち、一貫性のない塗装は失敗といえるでしょう。

9/10. 迷彩塗装などで、細い線をエアブラシで描くときには先端を塗装面に近付けて吹きます。描きたい線が細ければ細いほど、先端を近づけ、塗料が吹き出す量をこまかくコントロールする必要があります。また塗料も通常より薄めにしなければなりません。必然的に適当な空気圧も変わりますので、厚紙などで試し吹きを繰り返して設定していきましょう。

2.よくみる間違いとトラブルシューティング

エアブラシの使用時によく目にする間違いやトラブルについて整理しておきましょう。そして、それらがもし作業中に起きてしまったときの対処方法を紹介します。

11. ノズルから吹き出す塗料が粒状になることはエアブラシ塗装でもっともよく見受けられるトラブルです。これは塗料が濃いと起こりやすくなる現象で、とくに塗料の濃度に対して空気圧が低いと症状がひどくなります。こういった場合は塗料をさらに薄めるか、空気圧を上げましょう。

12. 塗料の飛び散りというのもよくあるトラブルです。塗装が終わったあとも少量の塗料がニードルの先端に残っており、そのままだと次にトリガーを引いた際にこの残った塗料も加えて勢いよく吹きつけられるため、この写真のようになってしまいます。エアブラシ塗装を開始する際は、いったん模型からはなれた場所で空気の吹き出しをはじめることを心がけましょう。ダブルアクション以外のハンドピースではこの方法はできませんが、その場合は塗装を再開する前にかならず筆などでニードルをクリーニングしておきましょう。

13. この画像のように塗料がにじんでしまうのは単純に塗料が一点に集中してしまったためです。塗装作業の際にエアブラシの動きを止めるとこのようなパターンがすぐにできてしまいます。設定を調整しているときなどに厚紙を使ってこのパターンを試しに描いてみると、エアブラシを動かし続けることの重要性が分かるはずです。これは、作品の塗装面では絶対に見たくない塗装失敗例のひとつです。

14. 不規則な形状のラインを描くときの失敗は非常に厄介で、程度によっては再塗装する面積が広くなる可能性もあります。この症状は塗装面の近くで吹く塗料の量が多すぎるときに起こります。塗料が吹き出す量を調整する練習をしましょう。また、ほとんどのエアブラシにはトリガーを引く量を調整する機能が付いているので、そうした機能を使って調整することもできます。

15. 塗装面に対する毛や埃の付着もありがちな失敗例です。作業スペースはできるだけ清潔な環境をキープし、埃などがたまらないようにします。エアブラシ塗装を行なう場所ではとくに気を使いましょう。しかし、どれだけまめに掃除をしていても、エアブラシはよく換気をして使うもの。埃が舞ってしまうことが多く、乾燥前の塗膜に付着することを絶対に避けることは困難です。

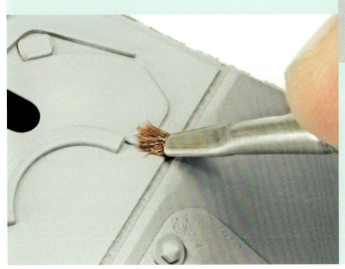

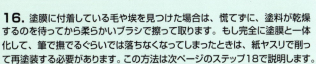

16. 塗膜に付着している毛や埃を見つけた場合は、慌てずに、塗料が乾燥するのを待ってから柔らかいブラシで擦って取ります。もし完全に塗膜と一体化して、筆で撫でるぐらいでは落ちなくなってしまったときは、紙ヤスリで削って再塗装する必要があります。この方法は次ページのステップ18で説明します。

17. 塗膜が梨地になってしまうのはアクリル系塗料を水で薄めてエアブラシ塗装した際によく起きる現象です。塗料の乾燥が速すぎて塗膜がフラットになる時間がないとこのように粒となって乾燥し、凸凹のテクスチャーとなってしまいます。これは、とくにパーツの隅のような、空気が渦となって巻き上がるような形状の場所で起こります。

18. 梨地状態の塗膜やこびりついてしまった毛埃を取るには1500番以上のスポンジヤスリで塗膜が平らになるまでやすりする必要があります。塗膜をあまり傷つけないよう、軽くなでる程度の強さで行ないましょう。塗膜が平らになったらヤスリを掛けた部分にエアブラシで薄く基本色を再塗装してやります。

19/20. ヤスリがけと再塗装で元の状態に修復できない場合は、サーフェイサーをエアブラシで吹いて、再度下地の成形からやり直さなければなりません。GSIクレオスの「Mr.サーフェイサー」やアルクラッド製の「マイクロフィラー」は、ラッカー系のパテがエアブラシで吹き付けられるほどにあらかじめ希釈されており、部分的なサーフェイサー塗装ができるという便利なマテリアルです。吹き付けるとこまかい凹凸を埋めて自然と平らな表面が形成されます。パテが乾燥したあと、再度エアブラシで基本色を塗装します。

21/22. それでも頑固な梨地が残ってしまう場合は、最終手段として該当部分を含めたその周辺の塗料とサーフェイサーをラッカー系うすめ液で拭き取ってしまう方法をとります。可能な限り、拭き取る箇所と基本色を残したい箇所で大きな段差ができないようにします。筆で少しずつ拭き取っていきましょう。研磨剤などで、再塗装する箇所を磨いておいても良いでしょう。

3.2.3. エアブラシのクリーニング

精密な工具であるエアブラシ。その本来の性能を発揮するためには常に適切なクリーニングとメンテナンスが必要です。塗装に使用したあとの正しいクリーニングとそのために必要な、簡単な分解方法を紹介します。

1.塗装後の簡単なクリーニング

エアブラシを使用したからといって、毎回毎回、完全分解してクリーニングを行なう必要はありません。しかし、最低限の洗浄は必要です。使用後は、エアブラシの内部に残った塗料が固まってしまう前にクリーニングしましょう。

1/2. まず確認しなければならないことは使用しているエアブラシが、アセトン系などの強いクリーナーでダメージを受けるようなシーリング部品を使っているかどうかです。もし使用されているのであれば、強さが抑えられているアルコール系のクリーナーを使います。塗料メーカーのなかには、それぞれに専用のエアブラシクリーナー（洗浄液）を用意していることもあるので、それらを使用しても安全にクリーニングができるでしょう。

3. 使用しているエアブラシが、そのようなシーリングパーツのないタイプであれば強力な洗浄力を持ったクリーナーが使用できます。アセトンなどを使用するとラッカー系、アクリル系、エナメル系などほとんどの種類の模型用塗料を問題なくクリーニングできます。使い古した筆を使えばカップ内や底の部分を効率的に洗浄することができます。

4. 実際に洗浄作業をしてみましょう。まずはカップにクリーナーを入れ、筆でカップ内に残った塗料を混ぜるように薄めていきます。

5. 次に先端のノズルキャップを指で抑えてエアーをカップ内に逆流させ、ノズル内部をうがいします。残っている塗料が溶け出すのでそれを捨て、再度クリーナーが汚れなくなるまでステップ4と5を繰り返します。

6. ニードルの先端やノズルのカバーなどは少量のクリーナーを筆に含ませて汚れを拭き取るようにします。そして、最後にクリーナーをカップに入れて空になるまでティッシュなどに吹きつけて汚れがとれているか確認します。ティッシュに吹きつけられるクリーナに色がつかなくなるまでこの工程を繰り返します。

2.細部のクリーニング

ここまで紹介した簡単なクリーニングを塗装が終了するたびに毎回行なっていれば、完全にエアブラシを分解洗浄しなければならない機会にはあまり見舞われないでしょう。たまにニードルを引き抜いて汚れを拭き取るぐらいです。もし、塗料がエアブラシの中で完全に乾燥するほど長い間放置してしまった場合には、次に使用する際に正確に作動させるためにできるだけ分解してクリーニングする必要があります。

7. エアブラシに付属する説明書を参考にして分解していきます。ノズルのようなこまかい部品もあるので絶対になくさないように注意します。

8. クリーナーをカップに取ってノズルとノズルキャップ、王冠部分をこれに数分間浸し、固着した塗料を柔らかくします。ゴム製のシーリングなどがある場合は取り外してから作業します。

9. ステップ4で行なったようにクリーナーをふくませた筆でカップ内を拭き取り、きれいにします。塗料が通る溝部分などは小さめの歯間ブラシを使ってクリーナーを行き渡らせます。歯間ブラシのワイヤー部分を直角に曲げるとカップ側からも溝部分に差し込むことができ、さらにクリーニングが容易になります。

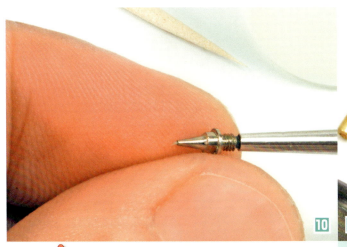

10. ノズルのクリーニングはいちばん注意が必要です。クリーナーにひたして塗料を柔らかくしておきます。そして内部に面相筆などの先端が細い筆を差し込んで、中にある塗料を掻き出します。この時、力をあまり加えないようにしましょう。何度かクリーナーを筆と布で拭き取り、布に汚れがつかなくなるまで繰り返します。爪楊枝の先端を細くしてノズル内をクリーニングできる道具を作ってみましたが、ノズル先端はデリケートな構造なので、使用には細心の注意が必要です。

11. トリガー類の動きが渋い場合はエアブラシのメンテナンス用に発売されているグリスなどでOリングやシャフト類をグリスアップします。専用の器具がない場合は細筆を使ってグリスを付着させます。

12. 各部のクリーニングとメンテナンスが終了したら、エアブラシを組み立てていきましょう。シーリングなど、クリーナーに部品を浸した際に取り外したパーツを元の位置に戻しておきます。ノズルを先端にねじ込む際は力をかけて回しすぎないように注意しましょう。付属の工具を用い、パーツ同士の隙間がなくなって固定された時点で回すのをやめましょう。ノズルは非常にデリケートですぐに破損してしまいますので注意して取り扱わねばなりません。

13. ニードルは完全にまっすぐノズルの中心にこなければキレイなスプレーパターンで塗料を吹き付けることができません。間違って先端を曲げてしまった場合はピンセットで可能な限りまっすぐに戻し、ガラスなどの硬い平面に置いて円柱形のナイフの持ち手などを当てながら前後に転がして徐々にセンター出しをします。

14. エアブラシの組み立てが終わりました。分解や洗浄はあまりおもしろい作業とはいえませんし、手順を間違えるとエアブラシを壊してしまったり、構成するパーツを紛失する可能性さえあります。できるだけ分解せずに済むように使い終わったらすぐに簡単なクリーニングをすることを習慣づけておきましょう。

3.3 サーフェイサー
Priming

車体の基本塗装にはいる前にサーフェイサーを塗布して下地を整えておくと、のちに起こりえるトラブルを回避することができるでしょう。サーフェイサーは特別な塗料のひとつであり、塗装面に対しての塗料の食いつきをよくする効果があります。基本塗装をした上から、様々な種類のマテリアルによる厳しいウェザリングを行なうことが多いAFVモデルではサーフェイサーの塗装による下地作りをとくに推奨します。

このチャプターではサーフェイサーの塗装方法をいろいろなシチュエーションに分けて説明し、その塗膜がのちの塗装トラブルを防ぐことに対していかに役立つかを説明していきます。

1. サーフェイサーにもラッカー系、エナメル系、アクリル系など、ベースとなった原料によって種類があります。エナメル系のプライマーはあまり模型の塗装に向いているとは言えません。アクリル系とラッカー系は使用が簡単で、エナメルをスプレーするときほど異臭も発生しません。GSIクレオスの「Mr.サーフェイサー」や、タミヤが発売している「スーパーサーフェイサー」など瓶に入っているタイプもあり、これらはエアブラシでの使用に適した濃度になるようにラッカー系のうすめ液で希釈してから使います。アクリル系のタイプは臭いもほとんどありません。このチャプターで使用するアモ・バイ・ミグヒメネス製のものは容器から出した状態でエアブラシで塗装できる濃度に調整されています。必要であれば同社のアクリル系塗料用の専用うすめ液で希釈することも可能です。

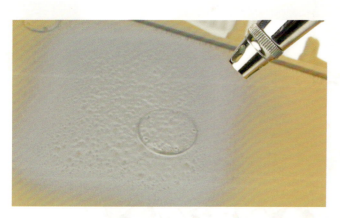
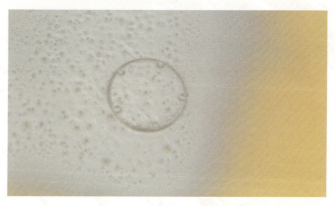

2/3. サーフェイサーの使用に関係なく、いちばん最初にプラスチックの塗装面に施される塗装はできるかぎり薄くすることが重要です。基本的にプラスチック面は滑らかなので、塗料を均一に塗装するには食いつきをよくするためのある程度のテクスチャーが必要となり、そのベースをサーフェイサーで徐々に作り出していきます。いっぺんに大量に吹き付けるとテクスチャーが平らになりづらく、上へ塗っていく塗料も均一にはならなくなります。どのタイプの塗料でもこの症状は現れますが、とくにアクリル系で起こりやすい症状です。

4. それではサーフェイサーを塗っていきましょう。均一に塗り重ねるため、とくに最初の一層は薄く塗装します。いちど吹き終えたらしっかり乾燥させましょう。エアブラシで塗装面にエアを吹き付けて乾燥時間を早めることも可能です。目で確認することは難しいですが、プラスチックの面に塗料が食いつくためのテクスチャーが作り出されていきます。

5. 乾燥したらまたサーフェイサーを吹くというように薄く重ねていきましょう。厚塗りする必要はありません。プラスチックの成型色が完全に見えなくなったら作業完了です。

6. アクリル系のサーフェイサーをプライマーにした場合、一層目の塗装がきめのこまかい点模様になってしまうことがありますが、これは表面張力によるものであり、通常の状態といえます。

7. この一回目の塗膜が乾燥したら、ラッカー系のときと同じく、すべての面をカバーするように数回に分けてサーフェイサー塗装を繰り返します。

8. サーフェイサーのもうひとつの役割は、工作中についた傷や、無塗装状態では見つけにくいパーツのヒケなどを発見することです。傷は紙ヤスリなどで平らにし、ヒケなどはパテで埋めてから整えます。またサーフェイサーの塗装面についてしまった毛埃などは充分に乾かしたあとで2000番の紙ヤスリなどで削りとりましょう。

9. 紙ヤスリなどで処理した箇所には再度サーフェイサーを薄く塗装し、周囲とのテクスチャーを同じようにします。これで上塗りする塗料が、同じ状態の下地面に塗装されるようになります。

10. こうしてあらかじめサーフェイサーで下地を整えておけば、基本塗装の剥がれなどを気にせずに様々なマテリアルを使ったウェザリングが安心して可能となります。

11. サーフェイサーを薄めて塗布した場合、すべての面をカバーするには時間がかかり、塗り重ねの回数も増えますが、吹き付ける量をコントロールしやすくなります。また、使ったことのないタイプの塗料やプライマーを使用するときは薄めてから使用したほうがその塗料の特徴がわかりやすいこともあります。

12. 薄めたプライマーを塗装しても、充分に乾燥させたあとは通常どおり基本色の塗装を始められます。

13. エナメル系のウェザリングマテリアルを使用するときは、基本塗装を24時間以上は乾燥させることを推奨します。

14. サーフェイサーは通常の塗料とは比べられないほどの隠蔽力を持っていますので、エッチングパーツやパテなど、キットの整形色とは違う色の材質を使って製作した場合の基本色を統一できます。もちろん、金属パーツへの塗料の食いつきもよくなります。

15. サーフェイサーの希釈度にもよりますが、最初の薄い塗膜が乾燥したあと、3度か4度の重ね塗りでほとんどの面はカバーできるはずです。

16. 数種類の色が用意されているサーフェイサーを使う場合、いちばん塗装面が広い基本色に近い色を選んでおくと、基本塗装の時間を短縮できます。ただし、ここではプライマーを塗った様子をわかりやすくするため、あえて車両の基本塗装色と合わせたものは使っていませんので注意してください。

17. ブラックやホワイトのサーフェイサーを基本塗装の下地に使うことで、ハイライトとシェードの効果を表現することができます。これは次の節で詳しく解説します。

18/19/20/21. しっかりと作られた下地は基本塗料の剥がれや塗膜へのダメージなど様々なトラブルを防ぎ、その後のウェザリングを効率的に行なうことができます。チッピング液などを使った場合でも、剥がしたい塗膜だけに効果が表れるようになります。ただし、どのようなウェザリングを施す場合でも、「手で触われるから大丈夫」という程度ではなく、完全に塗膜が乾燥している必要があります。

22/23. ブラックサーフェイサーは金属色を塗装する場合に適しています。黒い下地は金属色の色味を深くし、輝きの具合を強めます。金属色の上にチッピング液などを使用して基本色を剥がしてやればアルミニウムの部分の塗膜剥がれなどがリアルに再現できます。

24. 左の写真はアルミや、下写真のように磨かれた金属などが露出した部分の再現に使用したチッピング液で、「スクラッチエフェクト」と「ヘビーチッピングエフェクト」です。

25/26/27. サーフェイサーの色を活用したチッピングも可能です。レッドオキサイド色などで調色されたサーフェイサーを使用すれば、塗膜が剥げて錆が浮き出た状態の再現が簡単にできます。この色は大戦中のドイツ軍車両にも錆止めの下地塗料（レッドプライマー）として使われていたので、それらの再現としても最適です。

3.4 プリシェードとベースコーティング
Preshading and Base Coat

　基本塗装は模型に施す塗装作業のうえでいちばん重要といっていいでしょう。その名の通り、その上から施されるすべての塗装やウェザリングの基本となる塗料でもあります。こ こではサーフェイサーによるプリシェードを施した時と施していない時の基本塗装を紹介します。

3.4.1. 基本のベースコート

　ベースコートとはいちばん最初に塗装される基本色のことです。サーフェイサーを使用した場合はその上に塗られる最初の塗料であり、全体の色を統一させ、多くの場合は迷彩塗装の1色目となって、この上からほかの迷彩塗装やウェザリングが施されることとなります。これらの理由からベースコートは塗膜が強く、均一に施されていることが重要なのです。基本色となるベースコートとその塗装時の重要な要素を見ていきましょう。

1. サーフェイサーが塗装されている場合とそうでない場合で、基本的な塗装工程は変わりませんが、サーフェイサーを塗らなかった場合は基本色の最初の一層目をとくに薄く塗装しましょう。表面張力が徐々に抑えられ、均一できれいなベースコートが塗装できるようになります。

2. 基本色を数層塗装したあとは塗料の食いつきも良くなり、濃いめに調整した塗料でも塗装可能となります。ムラのないきれいな塗膜で全体を塗装するよう心がけます。

3. しっかりと塗られた基本色の上からは迷彩塗装や激しいウェザリングのエフェクトをかけることが可能です。基本塗装をしたあとに施せる塗装法として、チャプター3.5ではエアブラシによるライティングやウェザリングを紹介します。

4/5/6/7/8. サーフェイサーを吹いて製作する場合、ベースコート（基本色）として使用する塗料の隠蔽力を考えてその色を決めるようにしましょう。隠蔽力が強い色をベースコートとして使うのであれば、問題なくブラックプライマーを使うことができます。しかし、隠蔽力が弱い色や希釈度を高めた塗料を使う場合は、グレーのサーフェイサーや、基本色と同じ系統の色で調整されたサーフェイサーを使うようにしましょう。また、塗料の隠蔽力には関係なく、基本色は一度に厚く吹き付けるのではなく、薄く数回に分けて塗装するようにします。

9/10/11. サーフェイサーはあらゆる基本塗装や迷彩塗装のベースとなる塗膜です。写真のホイペットのように様々なマテリアルをつかったウェザリングを施す際には必須といえるものでしょう。

12/13. サーフェイサー塗装と同じくらい、とくに滑らかで均一な基本色の塗膜を形成したい場合は専用のうすめ液で希釈した塗料を使用してエアブラシ塗装します。AFVではなく、一般車両となる乗用車やトラックの基本塗装には希釈した塗料の使用を推奨します。ウェザリングなどを考えると、AFVでは滑らかな塗膜はとくに必要としないでしょう。

14/15. 基本塗装が乾燥したら、その上から迷彩色を塗装していきます。前項で解説した方法で塗料の濃度や空気圧を調節して、細吹きがきれいにできるセッティングを見つけておきます。

16/17. 何色かがまんべんなく使われている迷彩パターンでは、どの色を基本塗装とするかは悩むところです。実際の車両の塗装工程がわかる場合はそれに合わせて塗装するのもいいでしょう。

18/19/20．塗装はシチュエーションに応じていちばん単純でミスを犯しにくい工程を考える必要があります。その場合、色の隠蔽力、塗装面積なども重要な判断要素となります。どの迷彩色がいちばん最小のマスキングで済むのかなどを見極めておくと、塗装工程をさらに効率的に進めることができます。

21. チッピング液を使用して塗膜がはがれた状態を再現する際には、サーフェイサー▶金属などの下地色▶チッピング液▶基本塗装の順で塗装していきます。

22/23/24. 下地色の上からチッピング液を吹き、充分に乾燥させてから基本色を重ね塗りします。

3.4.2. プリシェードとベースコート

プリシェードというテクニックを使えば、基本色を塗装するのと同時に車両の狙った箇所に、影など、トーンを変えた色を再現することができます。また、同じ塗装法で、影だけでなくハイライトとなる明るい箇所も再現できるのです。プリシェードは基本塗装を施す前に塗装しておきます。影になる部分をブラックサーフェイサー、またはダークトーンの塗料で塗装し、その上から基本色を希釈した塗料で下地が透けるほど薄くエアブラシ塗装します。ここではプリシェード自体の塗装とその上に塗り重ねる基本色の塗装方法をいくつか紹介します。

1. シンプルなプリシェードは、黒の塗料を影となる部分にエアブラシで塗装する方法です。窪んだ箇所や、ディテールの下部のような光が当たらない部分、パネルラインなどを重点的に塗装していきます。この場合、使用するサーフェイサーは明るい色を選んでおきましょう。

2. 基本色を塗り重ねる際には下地の影が透けるぐらい薄く塗装するように注意します。

3. 多色迷彩は塗装を塗り重ねることでプリシェードの効果が薄れてしまいます。その場合は2色目の迷彩を塗る前に、その部分だけに1色目の塗装の上から再度シェードを吹き付けましょう。プリシェードとは言えませんが、2色目の迷彩色を塗装したあと、同じ塗料を暗く調色した色で影を描き込む方法（ポストシェード）もあります。

4/5/6/7/8. アモ・バイ・ミグヒメネスが販売しているアクリル系塗料用の「トランスパラトール」を基本色の塗料に混ぜると、濃度の変化を最低限に抑えつつ透明度が増し、下地のシェードの色が透けやすくなります。また、塗料の広がりが良くなり、スムーズな塗膜の形成が可能となります。写真の作例は明るいグレーのサーフェイサーで下地処理を行なった上からプリシェードを施し、パネルラインを強調しています。このあとホワイトサーフェイサーをハイライトが強調されたパネルラインの中心部などへ塗装します。サーフェイサーが乾燥したあとに基本色となる塗料を、トランスパラトールと5：5の割り合いで希釈してエアブラシ塗装します。プリシェードとハイライトによって明度と色味が変わった箇所が表現された基本塗装が施されました。

9. ホワイトサーフェイサーはコントラストが強めのプリシェードを行なう際には最適なマテリアルです。また、シェードを再現する塗料にブラックを使うともっとも強いコントラストが再現できます。

10. 車両全体も目指したコントラストができるまで基本色を薄く塗り重ねます。

11/12. 多色による迷彩塗装の塗り重ねやウェザリングにより、プリシェードの効果はだんだん薄れていくということを作業中には常に念頭に置いておきましょう。サーフェイサー塗装のあとの塗装工程が多ければ多いほど、プリシェードと基本塗装とのコントラストは強めにしておきましょう。

13. ブラックサーフェイサーもプリシェードを施すためのもうひとつの方法です。シェード部分を少しずつ塗っていくのではなく、全体を影色に塗装してから基本色を塗り重ねていくので、とくに大型でディテールの多い車両へプリシェードを行なう際に効率的といえるでしょう。

14. この技法でも「トランスパラトール」の使用を推奨します。下地の色がすべて隠れてしまわないように基本色を塗装していきます。とくにいちばん奥まった箇所に多く影色が残るように調節して塗料を吹き付けるようにしましょう。

15. ハイライトとなる部分には基本色を多めに重ね塗りしてシェード色を塗りつぶします。

16. 基本色を塗装する濃さを調整して影とハイライト部分を作り出すことで、基本塗装が終了した時点で多くの表情が車両上に表現されるようになります。

17. 数色のサーフェイサーを使って複雑なプリシェードを作りだす方法もあります。まずはグレーサーフェイサーで全体を塗装します。

18. グレーの下地にブラックとホワイトの2種類のサーフェイサーを使ってシェードとハイライトをエアブラシで吹き付けます。細かく縦の線を描き込み、汚れが流れ出したウェザリングの基礎もこの時点で塗装しておくこともできます。

19. 基本色に合わせた色を選び、鮮やかな色味を下地に足すことで、ハイライトのトーンも種類を増やすことができます。

20. 基本色はいつも通りに薄く塗り重ねて、下地の色の複雑さを生かした塗装を施します。

21. この作例のような多くの種類の色を塗装し、ハードなウェザリングを施す場合にも、完成した状態を創造しながらコントラストを調整します。強すぎると思うぐらいのコントラストをつけておいたほうがちょうどいい状態に仕上がるというのもよくあることです。

3.5
エアブラシ塗装でのエフェクト
Paint Effects with The Airbrush

基本塗装の上にはエアブラシを使って様々な効果を表現することができます。プリシェードをしてある場合であっても、さらにその上からシェードとハイライトを加えることもできますし、退色した基本色などを表現することも色の調整で可能です。チャプター 3.4で解説したとおり、基本色の上から新しいエフェクトを足していくことはとても効果的なのです。このチャプターでは車両に付加されたほかの要素や違う色での塗り分けが必要な箇所の塗装方法を紹介します。

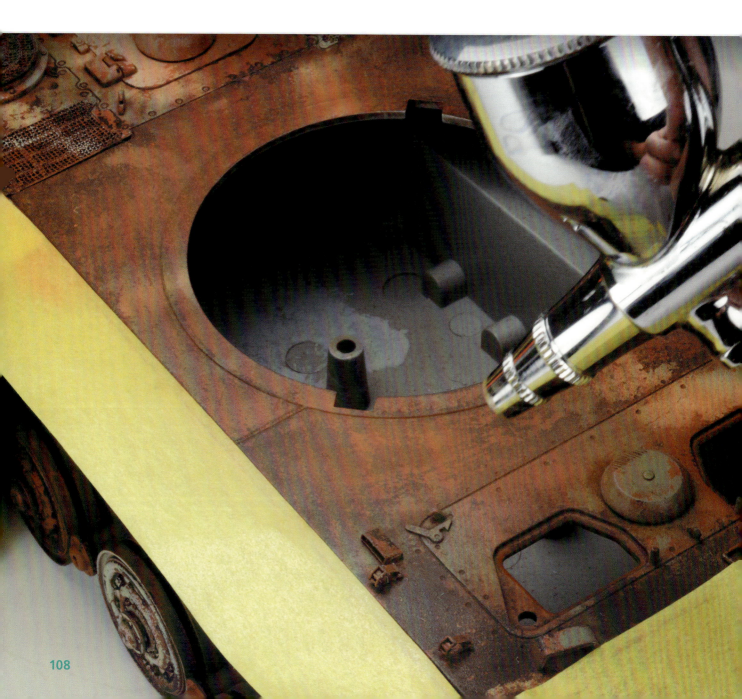

3.5.1. ハイライトとシェード

　小さな物体が光源から受る影響は大きい物体に比べて全体的なものとなります。とくに人工的なスポットライトやイルミネーションなどからの光源は大きい物体のほうがコントラストが明らかに強く現れます。自然光の下でも実物の車両と模型を比べると、もちろん実物のほうが際立ったコントラストが付きます。この実物と模型とのコントラストの違いを埋めるのがシェードとハイライト塗装です。まずはエアブラシを使って、アクセントとなるこれらの表現を見ていきましょう。

　コントラストをつけるひとつの方法はチャプター3.4.2で紹介した、基本塗装前に施すプリシェードであり、もうひとつの方法はここから紹介する、すでに塗装されている基本色の上からハイライトとシェードを描き込んでいく方法です。もちろんこのふたつの方法を同じ作品に施して相乗効果でさらに複雑なコントラストをつけることも可能です。

　これらのエフェクトについてここで見ていきましょう。まずはコントラストを光が当たる箇所と影となる色のトーンを変える方法で表現していきます。明るいトーンを光の当たるハイライト部分に、暗いトーンを影となるシェード部分に塗装します。エアブラシを使えばハイライトやシェードとウェザリングという2種類の表現を一緒に行なうことも可能です。

1.光と影の効果表現

1. まずは車体の天面やディテールの頂点部分など、光が当たる個所をさらに強調します。ここで使用している作例では2種類の色を使ってハイライトを塗装しています。基本色に使った色に明るいトーンの塗料を混ぜてハイライト用の色を調合します。塗装をする際には少しずつ調整しながらスムーズなグラデーションになるようにします。

2. 2種類目のハイライト用の色は1色目のハイライトを塗装した塗料をさらに明るくしたものです。調色には同じ塗料を使い、明るめの色の比率を増やしてやります。ハイライトを塗装したくない個所にはマスキングテープで養生を施します。

3. マスキングはコントラストをさらに際立たせる効果を持ちます。この状態ではとてもリアルな塗装表現には見えませんが、このあとの工程でトーンの違いを落ち着かせていきます。

4. 2色目の迷彩色を塗装する場合には、それぞれ同じようにハイライトカラーを塗っておく必要があります。それぞれの色に対するハイライトの強さはできるだけ車両すべての箇所で均一になるようにしましょう。

5. まだハイライトとシェードのコントラストの効果は少々大げさに見えますが、これからエアブラシでウェザリングを行なって各色の差を近づけ、統一感を出します。ウェザリングの強弱に比例してハイライトとシェードの強弱も調整する必要があります。

6. この作例は暗いトーンの色を使ってシェードを強調してあります。ディテールの下部などプリシェードを行なった個所と同じ部分にシェード色を吹き付けていきますが、この上から基本色でカバーするわけではないので、プリシェードほどはっきりとは塗装しません。

7/8. 次にハイライトを塗装します。基本塗装の色に白を加えて明るい色を作り、とくに平面の部分とディテールの上部を塗装します。垂直面の上部にもグラデーション塗装で明るい箇所を表現してあります。

9. 残っている迷彩部分を塗装し、再度ハイライトとシェードを塗装します。基本色に施した工程と同じように塗装して、トーンのバランスを統一します。

10. ウェザリングを施した状態です。これによりコントラストが落ち着いた状態がわかります。大げさに光と影のエフェクトが施された箇所もウェザリングによってブレンドされ、自然に見えるはずです。ウェザリングを施しすぎるとハイライトもシェードも効果がなくなってしまいます。様子を見ながら作業をすることが大切です。

11/12.「トランスパラトール」と明るく調色した塗料を混ぜてハイライトやシェードを塗装すると下地の基本色が透けやすくなり、さらに自然なグラデーションでエフェクトをかけることができます。

2. モジュレーション用塗料セット

13. モジュレーション塗装を施す際に使用できる塗料セットにはハイライトとシェードに使用できるいくつかの塗料が入っています。これらはモジュレーションにだけではく、ハイライトやシェードの再現にも便利なのです。さまざまな基本色に対応した色がセットになっているので調色も不要で、そのまま塗装するだけできれいなグラデーション塗装もできます。

14. この作例ではジャーマングレー用のモジュレーション塗料セットを使ってハイライトとシェードを表現してあります。シェードはブラックサーフェイサーの使用によってさらに強調されています。

15. ブラックサーフェイサーが乾燥したら、セット中でいちばん暗い色である「グレイ　ダークベース」を、もっとも暗くなる箇所となるサーフェイサーを少しだけ残して全体に塗装します。

16. 次に2番目に暗い「グレーベース」で少し明るめにしたい平面部分を塗装します。

17. 徐々に明るくなるグレーを塗装していきます。基本塗装の最後に、セットのなかでいちばん明るい「グレーハイライト」で天面や上部ディテールの細部を塗り分けます。

18. もしもコントラストが付きすぎてしまったら、セットのなかの中間の色味である「グレーベース」を塗装してコントラストのバランスをとります。逆に、もっと際立った光と影のコントラストをつけたい場合はシェードかハイライト、どちらかの面積をそれぞれの塗装に使用した塗料を使って増やしましょう。

19. ウェザリングや退色表現は、基本色とは関係なく光や影の表現の効果を減らします。もし激しいウェザリングを施す際はそれに対しても効果が薄れない、強めのハイライトとシェードのコントラストをつけておきましょう。

20/21. モジュレーション塗料セットは専用につくられた基本色以外の塗装にも使用することができます。この現用エジプト軍の単色迷彩では、第2次大戦ドイツ軍のダークイエローを塗装するモジュレーション塗料セットに含まれている「ダークイエロー・シャイン」を使ってハイライトを塗装しています。ジャーマングレーの作例と同じく、セットに入っている暗いダークイエローベースから徐々に明るい色を使って車体全体にハイライトとシェードを施していきます。今回はセット4色のなかでいちばん明るい「ダークイエロー・シャイン」と「ダークイエロー・ベース」の2色を使っており、中間の2色にはセット以外のダークイエロー系の塗料を使用しています。

22. この作例は現用車両なので、もともとそれほど強いウェザリングは施していませんが、ハイライトとシェードの効果が薄れるのでウェザリングとのバランスをとることは常に重要です。ウェザリングが強すぎるとハイライトとシェードの効果がなくなって意味がありませんし、残りすぎて大げさになればリアルな表現にならなくなってしまいます。

23. 好みによっていろいろなハイライト塗装を再現することができます。このヴィネットでは車両に角度をつけて配置しており、その状態でいちばん高くなる車両の部分にハイライトが塗装され、その逆に、地面に近い部分には集中してシェードが施されています。この車両にはソ連戦車の基本色となる4BOソビエトカラーのモジュレーション塗料セットを使用しています。

24. 塗装はほかの作例とおなじく、暗い色味から明るい色味へと徐々に行ないます。いちばん明るい個所と暗い箇所は、ヴィネットにおける車両の配置位置を確認しつつ調整します。

25. 冬季迷彩がほとんど剥がれ落ちた状態で塗装されているので、ハイライトなどの光源表現の効果が確認できるでしょう。

3.ライティング効果をパーツ別に施す

26/27. 車両本体以外の部品や構成パーツにも、車両と同様にハイライトとシェードのエフェクトをかけることができます。車両とは別に塗装することによって作品の表情に深みを持たせることができます。小さい部分には、車両全体に

つけたコントラストよりさらに際立った塗り分けをすると車両全体との違いが出て効果的な表現となるでしょう。

28/29. 凸凹したディテールが多い転輪はハイライトやシェード塗装によって立体感が効果的に演出できる部分でもあります。しかし塗装したあとは、その光源の演出が矛盾しないように見きわめて転輪を固定する必要があります。

30/31. 手すりやハッチハンドル、ボルト、またキューポラのエッジなどは細筆でハイライト塗装をして細部に色味を増やしてあげましょう。

3.5.2. 退色表現

　厳しい環境にさらされる戦闘車両の塗装は退色して次第に彩度が抜けた色味になっていきます。基本的にはしだいに白っぽくなりますが、暗くなっていくレアなケースもあります。退色は基本塗装後にコントラストをつけるもうひとつの塗装表現となるのです。

　ここでAFVによくみられる退色をエアブラシで再現してみましょう。光と影のコントラストではなく、退色した基本塗装の色味の違いでコントラストをつけるのです。塗装方法はハイライトとシェードの時と変わりません。しかし、今回は自然な光源を再現するのではなく、使い込まれて退色した様子を塗装によって再現します。

　塗装箇所を選べば、ハイライトとシェードを基本塗装に吹き付けるのと同時に退色を表現することが可能になります。ハイライトに使う塗料をさらに明るくして退色を表現する箇所に塗装します。同じくシェード用の塗料も暗く調色して、退色したシェード部分に使用しましょう。

1. 基本色より暗く調色した色を使って退色表現をはじめます。これはいちばん暗い退色表現の個所に塗装します。

2. 基本色に使用した塗料に白を加えて彩度が抜けた色を作り、各パネルの中央部に塗装します。中央部分から外側に少しずつ広げて塗装し、パネルの輪郭部分は暗いままにしておきます。最後にさらに明るく調色した色で中心部分を塗装して、退色表現のハイライトとします。

3. 同じ表現は基本色からはじめても得られます。基本色で全体を塗装してから各パネルのエッジを暗く塗装し、最後にハイライトを中心に塗装します。最初に紹介した塗装順とは違いますが、自分がやりやすい方を選んで作業してみてください。

4. チッピングや残りのウェザリングを施して完成です。すべての表現テクニックがブレンドされて、複雑な塗装が全体の表面に施されています。

3.5.3. 他色を使用して塗り分ける

ハイライトや退色などを塗装で表現したあとは、作品を構成している基本色や迷彩色とは色が違う部品を塗り分けましょう。チャプター3.1.1では接着する前に塗り分けるか接着してから塗りわけるかを考えましたが、ここではすでに接着されて車体の一部になっているパーツの塗り分けを中心に解説します。また、転輪のゴム部分や鋼鉄製転輪の履帯との接触面などの塗装も紹介します。

1.基本色以外のエリア

1. 基本色以外の部分の塗り分けは通常マスキングをほどこしてから塗装します。マスキングは専用テープによるものがいちばん多く使われている方法で、さまざまなサイズが各メーカーから発売されています。しかし塗り分けが必要な箇所によってはベストな選択とは言えない場合もあります。形状が複雑でテープが向いていない個所はマスキング用のパテや、液体状のマスキングゾルなどを使用するようにしましょう。

2. もしマスキングテープの粘着力が強すぎる場合は、指や手の甲に何度か貼り付けて糊の成分を弱らせてから使います。サーフェイサーなどを下地に使っていても、テープの粘着力が強すぎると塗膜のはがれを誘発する可能性があります。

3. 塗り分けが必要な箇所の周囲をマスキングしたらエアブラシで塗装します。希釈した塗料で塗装する場合はテープの下へ滲み込んでしまわないように薄く、数回に分けて塗装します。1回吹いたあとは数秒間放置して乾燥させてから塗り重ねます。

4/5. エアブラシで塗装を開始する前にマスキングテープのエッジが隙間なくしっかりと貼り付けられているか確認しましょう。少しでも隙間があると吹きこぼれや滲み込みが起きて境界線がキレイに分かれません。マスキングを剥がすのは塗料が乾燥してからにしましょう。また、塗膜へのダメージを防ぐようにゆっくりと剥がしていきます。

117

6. 迷彩塗装や基本色以外の色で塗装される箇所には、OVM類と同様に車体とは別に塗り分けたほうがいい例があります。この作例のフェンダーは車体へ接着したあとにマスキングして塗り分けましたが、トラベリングロックは接着する前に塗装しています。

7/8. エアブラシで塗装するためにマスキングする場合は、充分な広さをマスクして塗料の吹きこぼれが起きないようにしましょう。エアブラシは予想以上に遠くまで塗料が吹き飛んでしまいます。

9. 複雑な形状の場所へ、どうしてもマスキングテープでマスキングしなければならない場合は、細く切ったテープでまずは境界線をマスキングします。細く切ったテープのほうが様々な形状のパーツに対応しやすいのです。境界線をキレイにマスクすることができたら、通常の太さのテープでその周囲をマスキングしていきます。

10/11. いちいちマスキングするよりも、細筆を使って塗り分けをしたほうがいい箇所もあります。筆塗りで使用する塗料は薄めすぎないように注意し、数回の重ね塗りで下地が隠蔽されるようにします。

12/13. ペリスコープや手すりなどもマスキングするより筆で塗りわけたほうが効率がよいでしょう。程度のいい面相筆を使えば簡単に塗り分けることができます。ペリスコープなどのガラスの部分はクリアー系塗料を使って塗り分けています。

14/15. エグゾーストパイプは接着してからでも塗装が容易な場合がほとんどです。以前説明したように、塗り分けが必要なパーツは接着したあとでも簡単にマスキングが施せるか、その周囲へ塗装によって何らかの影響を与えないかどうかを見極めてから接着するかどうか決めましょう。

16/17. エグゾーストパイプやマフラーはオレンジ系の塗料で塗装します。車体と同じ基本色で塗られている場合もありますが、大体はアイキャッチの要素として錆びたりダメージが加えられた状態を再現することが多いはずです。

18. エグゾーストパイプがマスキングが難しい箇所に接着されていても、激しいウェザリングを施こすのであれば完全にマスキングする必要はないでしょう。

19. 少量であれば車体色にはみ出ないように吹き付けることも可能です。こういった場合にはエアブラシの空気圧を下げて、パーツの近くから吹き付けます。

20. こうしておけば吹きこぼれで少々はみ出ても範囲は限られ、ウェザリングを重ね塗りしてしまえば対応できるはずです。

2.転輪の塗装

21. 転輪パーツを先に車体へ接着する、しないに関わらず、転輪ゴムの部分は塗り分けなければなりません。

22. 転輪は他の個所よりウェザリングが激しくなることが一般的ですが、乾燥した土や埃汚れを表現するために、ほかの部分より明るめに仕上げることもひとつの方法です。

23. 転輪のゴム部分を明るめのグレーで塗装すると、使用感のある劣化したゴムの色味が再現できます。鋼鉄転輪と履帯の接触部のリアルな再現方法を見てみましょう。まずはその接触部分へエアブラシで、暗い錆色である「オールドラスト」を塗装します。

24. 次にその上から筆か綿棒を使い、「ガンメタル」のピグメントを塗りこみます。

25. ピグメントを接触面全体に塗りこむことで、同時に軽く磨きがかかり、短時間でリアルな金属感を再現することができます。

26. だからといって完全に磨きをかける必要はありません。所々で下地に塗装した錆色が見えるのもよい演出となるでしょう。下地が見える箇所の割合は各転輪でランダムになるように気を付けます。

27/28. これは短時間でリアルな塗装ができるテクニックです。なお、ピグメントを施した場所をクリアーなどで保護する必要はありません。クリアーでコートすることでかえって金属感が薄れてしまう可能性があるからです。

29. 筆による塗り分け以外で転輪ゴムを素早く塗装するほかの方法は専用のテンプレートを使用することです。テンプレートを自作してみましょう。まずはサークルカッターで転輪ゴムの内側の直径と同じサイズの円を厚紙に開けておきます。

30. エアブラシで転輪ゴム部分を塗装し、充分に乾燥させたら、厚紙で自作しておいたテンプレートでゴム部分をマスキングします。テンプレートは転輪の数だけ用意する必要はなく、3〜4個作っておいて使い回せば大丈夫です。

31/32. ずれないようテンプレートを重ねて、車体色を吹き付ければ塗装は完了です。必要に応じてこうしたテンプレートを作ってやれば、筆で慎重に塗り分けるよりもかなり時間が短縮されるでしょう。

121

33. 一方で、市販されているテンプレートを使用する方法もあります。例えば、クイックホイール製の専用テンプレートを使えば、間違いなくいちばん手早く塗り分けができることでしょう。同社製品には1/35と1/48の両スケールで、さまざまな種類の車両専用のテンプレートが用意されています。テンプレート自体は軟質素材で、転輪パーツを押し込むようにフィットさせると完璧なマスキングとなります。

34. 転輪のゴム部分を「ラバー&タイヤ」のようなグレー系の色で塗装します。新しめのゴムを再現する場合はフラットブラックなどがいいでしょう。

35/36. 転輪をクイックホイールのテンプレートに押し込んでマスキングし、基本色を塗装すれば塗り分け完了です。テンプレートについた塗料は、ラッカーうすめ液などでふき取っておきましょう。

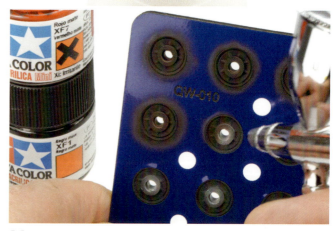

37. このテンプレートを使って、チッピング液を利用する塗膜剥がれを再現することもできます。最初は通常どおりゴムの部分から塗装していきます。

38. テンプレートをかぶせて、鋼製転輪の部分へチッピングの下地となる塗料をエアブラシ塗装します。

39. 下地が乾いたら、その上からチッピング効果の弱い、「スクラッチ・エフェクト」をエアブラシで吹き付けて乾燥させます。

40. 「スクラッチ・エフェクト」が乾燥したら転輪の基本色を塗装します。

41. 基本色を塗装した部分を水で湿らせ、筆などで塗膜を剥がして下地の色を露出させます。チッピングを行なって水分を乾燥させたら、クリアーを吹き付けて全体を保護しておきます。

42. 転輪の内側は履帯のセンターガイドに触れて金属面が露出している場合もあります。こうした状態を表現したい時は、シンプルに転輪の内側を暗い金属色で塗装するといいでしょう。

43/44. こうして塗り分けができた転輪を車両に取りつけ、適切なウェザリングを施して完成です。

3.6
マーキングと記章
Markings and Insignia

　ここまででようやくエアブラシを使った塗装作業が終わりました。ここからは各種のマーキングや記章類の再現方法を見ていきましょう。キットに付属する専用水転写デカールを使用する以外に、ドライデカールやステンシルを使って塗装する方法なども解説していきます。

3.6.1. 水転写デカール

　水転写デカールはマーキングとしては現在もっとも一般的なマテリアルでしょう。キットに付属しているマーキング類もほとんどこのタイプが主流です。貼る際に注意したいのは、文字やマークがプリントされている上にかけてあるクリアーフィルム（ニス）のエッジ部分です。貼ってそのままウェザリングなどを施すと目立って不自然になってしまいます。これらの透明部分は貼り方やあと処理を工夫すれば完全に隠すことが可能です。ここで正しい水転写デカールの貼り方とあと処理でいかにリアルにみせることができるかを紹介しましょう。

1. 水転写デカールの使用はとてもシンプルなマーキング再現法です。キットに付属しているもの以外にも、様々なメーカーから大量のデカールセットが発売されており、キットで再現可能としている車両以外も製作することが可能です。

2. 水転写デカールには、貼る際に完全に密着させるための軟化剤（訳注：GSIクレオスのマークソフターなど）や、接着力を高める定着剤（訳注：同マークセッターなど）があります。デカールを軟化させると凹凸した面にも密着させることができ、デカールとパーツの間に空気などが入るようなトラブルが起こりにくくなります。

3/4. デザインナイフ、またはハサミを使って必要なデカールをシートから切り出します。小さいものがほとんどなので、取り扱いや、貼ったあとの位置調整なども指ではなくピンセットや筆を使うようにします。位置を決めたら、軟化剤や定着剤などを使ってパーツにしっかりと密着させるという流れです。

125

1. 水転写デカールの貼り方 その1

　では正しいデカールの貼り方をステップ・バイ・ステップで詳しく説明していきます。

5. 水転写デカールは、平らで滑らかな箇所であればよりキレイに貼ることができます。ツヤ消し塗装をした車両にデカールを貼る場合には、貼る箇所にだけ光沢クリアーを吹き付けて滑らかにしておくと定着しやすくなります。あとでウェザリングに使用するエナメル系塗料によるダメージを避けるため、アクリル系のクリアーを使いましょう。

6/7. デザインナイフやハサミを使って使用するぶんのデカールを切り出したら、水に数秒間浸けてすぐに引き上げます。もしもデカールシートが古いなどの理由でなかなか台紙から離れない場合には、酢を数滴足してやると剥がれやすくなります。

8. デカールの台紙に水が浸透して適性状態（訳注：指でつついて動く程度）になってきたら、デカールを貼る部分にGSIクレオスの「Mr.マークソフター」を塗ります。

9. 台紙から剥がしたデカールをピンセットを使って所定の場所に配置します。必要ならば筆なども使って位置を合わせていきましょう。

10. なかには難しい場所に貼らなければならないデカールもあります。こうした所へは爪楊枝やピンセットの先をうまく使って慎重にデカールを動かします。

11. 位置が決まるまでは、動かしやすくするため常にデカールには水分を持たせて濡れた状態にしておきましょう。作業中に乾燥してきたら、スポイトや筆を使ってデカールやその周りに水を足してやります。

12. デカールの位置が完全に決まったら、余分な水分をペーパータオルか乾いた筆などで拭き取ります。凸モールドの部分などで形状にピッタリとデカールが貼り付いていない場合にはその上からマークソフターなどの軟化剤を塗ってさらに軟化させてから、自然乾燥させます。

13. こうした手順をくり返してデカールを1枚ずつ貼っていきます。充分に乾燥して定着したら、先述のようにアクリル系のクリアーでコートし、ウェザリングなどの作業をします。

14. ウェザリングを施し終わるとデカールは周囲と完全にブレンドされ、まるで塗装されているかのように見えます。

2.水転写デカールの貼り方 その2

　デカールの周りに残る余白（クリアー部分）が大きすぎたり、デカール自体が厚すぎたり、また貼り付ける箇所が平らではなかったりと、条件によっては少々手間のかかる場合もあります。その時の対処法を見てみましょう。

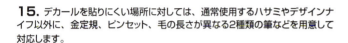

15. デカールを貼りにくい場所に対しては、通常使用するハサミやデザインナイフ以外に、金定規、ピンセット、毛の長さが異なる2種類の筆などを用意して対応します。

16. 鋭利なデザインナイフと金定規は太すぎる余白を切り取るには最善の道具です。太すぎる余白はデカールのアウトラインを浮き上がらせる可能性があり、リアリティが失われてしまいます。デカールが直線と鋭角を主としたデザインであればこの作業は簡単です。金定規をデカールの輪郭に当てながらデザインの形状を鋭利なナイフで切り取っていきます。デザインナイフを動かすときは力を入れ過ぎないように気をつけましょう。デカールのクリアフイルムを切るだけで、下の台紙まで切り離す必要はありません。デカールに湾曲した部分があるときは小さめのハサミを使って余白を切り取ります。

17. デカールを貼る部分に深い溝がある場合は無理矢理デカールを押し込もうとはせずにデザインナイフで溝を覆っている部分を切ってしまいましょう。切った部分にマークソフターを塗って、溝に折り込むようにします。

18. デカールを切った跡が不揃いになったり、剥がれてしまったりした場合は、デカールを切った箇所の上からチッピングを行ない、それを塗料で隠してしまうとよいでしょう。スポンジに車体色の塗料を少量含ませて、デカールの上からスタンプをするようにチッピングを描き込んでいきます。

19. 細筆でさらにチッピングを精密に描き込みます。スポンジでつけたチッピングの形状と大きさを調整しましょう。

20. できるだけ薄く、明るめに調色した車体色を吹き付けるとデカールがうまくブレンドされて、周りとの統一感が高まります。少し失敗したくらいのチッピングならば、気にならない程度に調整されます。

21. すべてのデカールを貼り終えたら、エアブラシで半光沢のクリアーをデカール部分にだけ吹き付けます。この時に、完全にデカールが車体に密着したことも確認できます。何度も言いますが、クリアーはのちにエナメル系マテリアルによって行なうウェザリングとのトラブルを避けるためラッカー系か水性アクリル系を使用しましょう。

22. ウェザリングが終了した状態です。これによりデカールも自然に周囲の迷彩塗装とブレンドされてリアルな表現となっています。

23. ナンバープレートを再現する数字のようなとくに小さいデカールは切り取りや取り回しに注意しましょう。貼り付けの方法はこれまで説明した通りです。

24. ナンバーなどの小さなデカールの位置調整は爪楊枝や細筆を使うようにしましょう。

25. 数字の位置の調整が難しい場合は再度デカールの表面を水で濡らして作業を続けます。デカールが充分な水分を含んでいれば位置の移動も難しくありません。

26. 完成した状態です。周囲とデカールを馴染ませるウェザリングの効果がおわかりいただけるでしょうか？

27. デカールを段差や突起したディテール部分へ貼り付ける場合は、筆が使いやすい道具となります。毛の長さが違ういくつかの筆を用意して、できるだけパーツの形状に合わせてデカールを密着させましょう。

28. 最初はデカールをおおざっぱにパーツへ配置し、そのあとで適切な位置に筆とマークソフターなどを使って移動させ、周囲の形状にならします。

29. 位置が決まったら、毛が長めの筆で全体をならしてデカールの下の空気や水分を抜き取ります。また、毛の短い筆を使うと角の部分などでしっかりとデカールを密着させることができます。こうした筆での作業も、マークソフターなどでデカールを少し軟化させてからていねいに行なうようにします。マークソフターを使いすぎるとデカールが破けやすくなるので注意しましょう。

30. 乾燥したあと、クリアー塗料で保護してからウェザリングを施します。デカール上にも、周りのウェザリングとバランスを取った汚しを行なうのがポイントです。

31. ツィンメリットコーティングは凹凸面の代表格のような存在といえます。しかし、こうした表面にデカールを貼る時にも今まで見てきたような工程を踏めば問題はありません。今回は荒れた表面に水転写デカールを貼る際に便利なマイクロスケール製の「マイクロソル」を使ってデカールを軟化させました。

32. デカールを貼り終えたら、ウェザリングの前にデカール部分を含めた車両全体をクリアーでコートしておきます。このクリアコートでデカールが完全に車体パーツと密着し、エナメル系塗料を使った激しいウェザリングにも耐えられるようになるのです。

33. 基本塗装を終えたティーガーIIにデカールを貼り、ウェザリングを終えた状態です。すべての要素が一体となり、デカールも自然に周囲と馴染んでいます。

3.6.2. ドライデカール

マーキングや記章類を再現する、もうひとつのポピュラーなやり方がドライデカールを使うものです。ドライデカールの強みは水転写デカールとは違って余白の心配がほとんどいらないということ。しかしその弱点として凸凹した表面に密着させることはできず、完全に平らであるか、少し湾曲している面にだけにしか使うことができません。

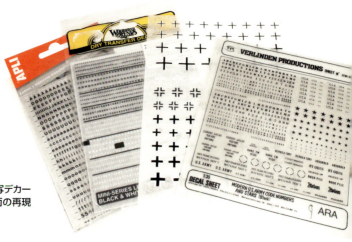

1. 多くのメーカーがドライデカールを発売しています。これらを利用すれば、水転写デカールのアフターマーケット製品と同じく、キットに付属しているマーキングとは違う車両の再現が可能となります。

2. 使用方法は簡単です。まずはナイフなどで使用したいデカールをシートから切り取ります。デカールを車両部分に置き、文字部分を擦りけるとシートから文字だけが車両の表面に移ってマーキングとなります。

3. 古いドライデカールは文字部分がシートから剥がれにくくなっている可能性があります。しっかりと強めの力で押しつつパーツに擦りつけるようにしましょう。文字や記章の全部が移りきっていないと、割れて一部だけシートに残ってしまう可能性もあります。こうしたことをさけるため、ドライデカールは長い期間保管しておくのではなく、なるべく早く使うようにしましょう。

4. 新品のドライデカールは簡単にシートから剥がれ、割れることなくパーツに転写できるはずです。結果、余白が全くない、とてもリアルなマーキングや記章、シンボルなどがすぐに再現できます。密着度を高めるために、車体に施したドライデカールの上からマークソフターなどの軟化剤を塗るとよいです。また、ウェザリングをはじめる前にマーキングの上にクリアー塗料を吹き付けてコートしておくようにしましょう。

5. ドライデカールをパーツに転写する際には、台紙が動かないよう、マスキングテープを適切な大きさに切るなどして固定してから作業するとよいでしょう。

6. ドライデカールはいちど貼ってしまうとデカール自体を傷めることなく剥がすことは難しく、ずらしたりすることもできないので、くれぐれも位置を確認してから貼るようにします。間違った場所に貼ってしまったら、水か軟化液を含ませた硬めの筆で擦りおとして新しいものを使わなくてはなりません。

7. 車両番号など、数行の数字やアルファベットなどで構成されるマーク類をドライデカールで再現する場合は、一文字ずつ貼り付けていくのではなく、切り取った台紙をいったん並べておいて、一気にマークを転写するようにすれば、文字がずれる心配がありません。

8. ドライデカールの台紙をパーツへ固定できたら、位置がずれないように注意しながらデカールを擦ります。

9. これで正しい位置にドライデカールを貼ることができました。マスキングテープを使えば失敗のリスクが減り、再利用することが難しいドライデカールも無駄にならないで済みます。

10/11. 先述したように、密着を確実にするためにドライデカールの上から軟化液を塗ります。乾燥したあとはアクリル塗料のクリアーでコートしておけば完璧です。

12/13. こうしてクリアー塗料で保護しておけばハードなウェアリングにも耐えることができます。またドライデカールには水転写デカールのような余白はないので、文字の周りが白く目立ってしまうような心配もありません。

3.6.3. ステンシルを使う

　マーキングや記章を表現する際にいちばん実物に近いものとなるのが、ステンシルを使って塗装する方法です。実際の車両のマーキング類もこの方法で描かれていることが多く、同じやり方をスケールダウンして模型に施せばリアルなマーキングになるということです。

　そしてなによりもこの方法はオリジナルのステンシルを自作することで、サードパーティーのデカールセットなどに頼ることなく、自分好みのマーキングを描けるという強みがあります。これに必要なのは再現する車両の資料などです。オリジナルのステンシルを作るには少し時間と経験が必要ですが、その分の見返りは充分あると言えるでしょう。

1.ステンシルを自分で作る

1. 自作のステンシルを製作する場合、まずは詳しい資料を用意してマーキングの正確な大きさと形状を調べておかなくてはなりません。必要な材料や道具はマスキングテープと低粘着の透明フィルム、それに文字やシンボルの形状を描くシャープペンシルと、精密な切り出しができるデザインナイフ、そして金定規です。コンパスやサークルカッターがあれば丸い形状のマーキングなども問題なく正確に描くことができるでしょう。

2/3. 資料から割り出した大きさや形状を、シャープペンシルを使って幅の広いマスキングテープ、または低粘着フィルムなどへ描き込み、それをデザインナイフで正確に切り出します。真っ直ぐな線には金定規を当てて切り出しましょう。あとはパーツに貼り付けてエアブラシで塗装するだけです。

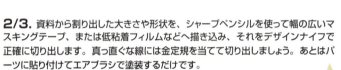

4. ステンシルを貼り付ける際にはエッジをしっかりと密着させるようにして、マーキングの形状が不揃いにならないようにしましょう。塗料が乾燥したらステンシルを剥がします。手間と根気が必要な作業ですが、結果として素晴らしいマーキングを描くことができます。

5. 正方形や長方形など、マーキングがシンプルな形のものであれば、複雑な切り出しも必要ありません。マスキングテープをその形状に貼り合わせていけば簡単に様々なサイズのステンシルが作り出せます。

6. こうしてマスキングテープだけで作ったステンシルであっても充分に役割を果たします。しっかりとパーツに密着させてから塗装しましょう。マーキング類も、基本塗装の時と同じく、薄く数回に分けて塗装するようにします。一度に塗装しようとするとマスキングの隙間から下面に流れ込んでしまう可能性があるので注意しましょう。

7. 塗料が乾燥したら、ステンシルをゆっくり剥がして完成です。

8. この上からチッピングなどを描き込むと、さらにリアルなマーキングが再現できるでしょう。写真のアラビア語の文字は筆で手描きしています。この方法は後のチャプター3.6.4の項目で紹介します。

9. こうして自作のステンシルを活用できるようになれば、サードパーティーのデカールを使っても再現できないオリジナルの車両を製作することが可能となるのです。

10. 車両番号などを描くときはマスキングテープをステンシルの下に貼っておいてガイドにすると正確な位置出しができます。

11/12. ほかのマーキング再現法と同じく、ウェザリングを重ねてやることで周囲とブレンドされ、ようやく塗装の一部として馴染むのです。手間はかかりますが実際に塗装で表現したマーキングはリアルな完成度をもたらしてくれることでしょう。

13. アモ・バイ・ミグヒメネスのアクリル塗料には「ウォッシャブルホワイト」という特殊なものがラインナップされています。これはほかのアクリル塗料より水に反応しやすく調合されており、水を含ませた筆などでも簡単に拭き取ることができる塗料です。この性質を利用して、リアルな塗膜の剥がれ落ちをステンシルで施されたマーキングへ表現してみましょう。まずはステンシルを使って「ウォッシャブルホワイト」で車両番号を塗装します。

14. 塗料が乾燥したらステンシルを剥がし、水を含んだ筆で車両番号を擦って、徐々に剥がしていきます。擦る力と水の量とで剥がれ具合を調整します。完全に剥がさない部分も残しておきましょう。落としすぎるとかえって現実的ではなくなってしまいます。

15. 数時間乾燥させると完全に塗膜が硬化し、ウェザリングをすることが可能となります。アクリル系のクリアーで塗膜を保護しておけば、さらに安心してウェザリングをすることができます。

2.レーザーカットのステンシル

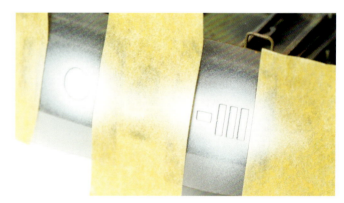

16. 大量にステンシルを製作する必要があったり、個人では作れないような複雑な形状のマーキングを再現したい場合には、専門業者にステンシルの製作を依頼することもひとつの手段です。レーザーで切り出したステンシルを特注で製作してくれるショップを探してみましょう。サイズや形状を記入したデザインを渡せば製作してくれるはずです。

17. レーザーカットされたステンシルの使い方は、自作のステンシルとまったく同じです。パーツとステンシルの隙間を可能な限りなくし、エアブラシで塗装しましょう。塗料が乾燥したあと、塗膜に傷などを付けないように注意してステンシルを剥がします。

18/19. 先述の通り、マーキングの塗装に「ウォッシャブルホワイト」を使えば、簡単に水と筆で塗装剥がれの表現が施せます。

136

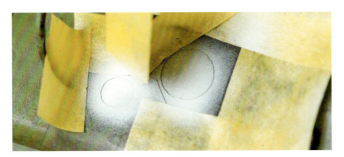

20/21. ステンシルを使ったエアブラシ塗装を行なう際には、その周囲のマスキングも充分にしておきましょう。エアブラシ塗装はパーツへの吹き付け角度によっては以外な場所にも塗料が飛び散ってしまいます。余裕をもった面積をカバーしておきましょう。マスキングに手間と時間をかけれてやれば、あとで必要となる修正作業も削減できます。

22/23. レーザーカットで作られたステンシルは、このようなこまかいデザインも再現可能です。自作でこれらのナンバープレートを製作することは高い技術と時間が必要です。

24/25. あまり大きな塗装面積でなければ、ステンシルのうえからドライブラシでマーキングを描き込むことも可能です。含ませた塗料をペーパータオルなどでほぼ拭き取った筆を軽く塗装面の上で動かして、少しずつ色をのせていきます。小さな面積に限定される塗装法ですが、リアルな退色を表現できるでしょう。

26/27. この文字もレーザーカットされたステンシルで再現してあります。周囲の形状が複雑な場合、マスキング用のパテを使うと作業の効率を上げられます。

28. ウェザリングを重ねてトーンを落ち着かせます。文字と周囲の迷彩塗装が退色した加減も合わせましょう。

3.6.4. 手描きによるマーキング再現

最後に紹介するのは筆とアクリル塗料を使った手描きによるマーキングの再現です。ほかの方法より練習と慣れが必要ですが、そのテクニックをマスターできれば再現できるマーキングの種類も増え、ひいてはあなたが製作できる車両のレパートリーも飛躍的に増えることでしょう。

1. 筆で再現するマーキング

ステンシルと同じく、筆や刷毛を使ってマーキング類、車両番号、認識表示などを塗ることは実際の車両にもよく見受けられます。ここで紹介するのはマスキングやステンシルなどでは自然な形状に塗装するのが難しいマーキング類です。こういったものは筆を使ってフリーハンドで描き込んでいきます。

1. 正確なマーキングの書き込みには毛先がまとまった高品質の筆を使います。隠蔽力と乾燥速度とのバランスが良い、アクリル系の塗料がこの作業に向いているでしょう。

2. あらかじめ、描き込むデザインやシンボル、文字の形状を頭の中で完全に理解していることがとても重要です。模型自体に描き込む前に紙などに試し描きをし、正しい形状が描けるかどうか確かめておきましょう。実際の作業はマーキングのアウトラインから描きはじめます。少しだけ希釈した塗料がこの時点では描きやすいでしょう。

3. 最初に描き込んだアウトラインを埋めていくようにデザインを描いていきます。徐々にマーキングの形状を正していくようにします。

4. マーキングを筆塗りする塗料のちょうど良い希釈率とは、2度、3度の重ね塗りで下地が見えなくなるぐらいの濃度です。やはり、あまり塗膜が厚くなるのは好ましくありません。また、正しい寸法に気を付けて基本となる形を描き込んでいきましょう。

5. 実車などのマーキングの資料をよく確認してだんだんと形状を合わせていきます。わざと希釈度を増した塗料を使い、マーキング類が退色した様子を表現することもできます。

6/7. 落ち着いてじっくりと作業を進めていけば、実車にマーキングを描き込んだ際のペンキのタレた表現など、ちょっとした工夫で最終的に説得力のある、リアルなマーキングが再現できるはずです。

8/9. 描き込まれた箇所の塗料の濃さをわざと均一にしないでムラを作り、その車両の使用感を演出することもできます。ウェザリングをしたあとの状態を考えて、薄いところと濃い箇所のコントラストを少し強めにつけておくといいでしょう。

10. 手書きのマーキングは、ツィンメリットコーティングのような荒い表面などにマーキングを再現するにはとても相性がいい方法です。こうした場所へステンシルやドライデカール、水転写デカールなどを使用する場合には非常に手間がかかります。

11. 小さいマーキングなどを描き込むときは腕を作業台の上に、また、もし可能であれば、手を模型自体に固定して作業できることが望ましい状態です。しっかり固定できていれば正確に筆を動かすことができ、マーキングもきれいに仕上がります。

12/13. マーキングの位置やそれ自体の形状の目安として、マスキングテープでガイドを貼っておいてもいいでしょう。そこに正しい寸法のマーキングを描き込んでおくと、塗装の際に非常に参考となります。

14/15. アモ・バイ・ミグヒメネスの「ウォッシャブルホワイト」を使って描き込む字体がはがれたような表現をしてみます。文字を描き込んだあとに水を含ませた筆でこの部分を擦り、部分的に塗料を剥がしていきます。

16/17. 筆先がまとまった細筆と、品質の高いアクリル塗料を使えば複雑なマーキングも描くことができます。資料をよく確認しながら根気よく塗り進めていけば、それほど絵を描く知識や技術がなくともきれいにマーキングを再現することができます。なによりも慌てずに、ゆっくりと塗り重ねていくことがコツです。

2.その他のマーキングの描き込み法

　いろいろなシチュエーションに合わせた、筆以外を使用するマーキングの描き込み方法をここで紹介します。

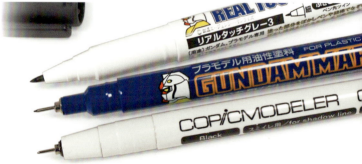

18. マーカーを使って模型にマーキングなどを描き込む方法もあります。色の種類も豊富で、いろいろな場面で重宝します。

19. マーカーの使い方も、筆の場合とほぼ同じです。筆と違って塗料を何度も含ませることなく作業が進められるのが利点ですが、ペンの先が汚れやすく使いすぎると詰まってしまう欠点もあります。先が細いタイプはとくに詰まりやすく、時々アルコールでクリーニングしてやることが必要になります。

20. マーカーは大きなマーキングの描き込みには向いていませんが、細い線で構成されている数字やアルファベットのアウトラインを描き込む場合に向いているマテリアルといえるでしょう。描き込みが完了後、クリアーで保護してからウェザリングを施しましょう。

21. 色鉛筆、とくに水性のタイプは使いやすく、模型への書き込みにも向いています。鉛筆の先はほそく削っておきましょう。

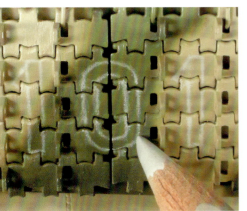

22/23/24. 色鉛筆でマーキングのアウトラインを描き込んでおき、その内側をアクリル塗料と筆で塗りつぶしていきます。マーカーと同じく色も豊富なので、アウトラインだけでなくそのままマーキングを描き込むことにも使えます。水性の色鉛筆はとくに使いやすく、ミスをしても水ですぐに消すことが可能です。

25. 色鉛筆は、実際の車両に見られるような、チョークで車両に描き込まれた文字などの再現にも最適です。製造中の車両や鹵獲車両、廃棄された車両などに描き込まれた警告や落書きもリアルに再現できます。車体などの塗膜をツヤ消しにしておくと色鉛筆での描きこみがしやすくなり、顔料も残りやすくなります。

26/27/28. グラフィックソフトとデカールシートを使用すればマーキングデカールを自作することもできます。メーカーが販売するクオリティーとは言えないかもしれませんが、シンプルな形状のデザインであれば充分使用できるオリジナルデカールを作ることができます。精度の高いレーザープリンターを使うとさらに完成度があげられるはずです。デカールシートの販売メーカーが用意しているコート剤を使えば、プリントしたデカールも保護できます。コート剤がなければ、プリントされたデザインを溶かさないように模型用のアクリル系クリアーを薄く吹きつけておけば、同じ効果を得られます。

あとがき
Afterword

　スケールモデルの製作には、その工程自体を楽しむことのほかに、自身の満足感が得られる作品を作るというアプローチの仕方があります。その満足感を得るためにモデラーは苦労し、寝る時間を惜しんでまで製作に必要な情報を集めたりします。雑誌や書籍などの資料をあさり、インターネットを使って、わからないディテールや隠れた部分の画像を探し、コンテストで審査員の目に止まるような、際立った独特な仕様の車両を作り出していくのです。

　さて、本書で紹介してきたようなAFVの基本塗装は、例えばエアブラシを使う場合であっても、高い道具を揃えればうまくできるわけではありません。少しでも間違った使い方をすると塗料が垂れたり、周囲へ塗料が飛び散ってしまうなど、すぐに大きな失敗を起こしてしまう繊細なこの道具のコントロール・テクニックも身につけていなければなりません。それは常に頂上を目指して挑戦し続け、忍耐のある者だけが極められるのだと言えるかもしれません。

　とかくモデラーは、何か新しく、他人とは違う作品を作りたいという情熱を持って深夜遅くまで作業してしまいますが、この小さいプラスチック製の作品へ命を吹き込もうとする緻密な工作や塗装などの作業は、基本的に誰の目にも止まらないところで行なわれます。モデラーがどんな苦労をして作品を作りだしているかは、同じような立場の、シリアスなモデラーにしかわかりません。模型製作をしたことのない人には、パーツの整形や細かな塗り分け、またアクセサリーなどの質感を表現するためにモデラーたちがどれほどの努力をしているかについて理解できないでしょう。

　模型製作は簡単で、いつも楽しいものとは限りません。とくに、本書をお読みいただいているモデラーの皆さんにはそういった経験をしたことがあるのではないでしょうか？
　しかしなぜ、皆さんは模型製作をやめないのでしょう？
　ストレスをためながらもエッチングパーツを組み上げ、複雑な迷彩塗装に恐怖を覚えながらも挑戦し、コンテストに出品すると無節操な人々に厳しい意見をつきつけられる……。
　そうした苦い体験をするのに、なぜ続けてしまうのでしょうか？

　それは、模型製作は、工作や塗装の難しさを自身の手で乗り越えた時に初めて幸福を得ることのできる趣味だからです。
　作品を製作している時間は周りの世界は見えなくなります。作業部屋という空間だけが現実として残り、自分の手や模型製作に必要なものしか目に入らなくなります。そうして苦労して製作した作品であっても、次のコンテストでは批判ばかり浴び、賞を得ることなどからはほど遠いかもしれません。
　しかし、それを完成させた時の夢のような瞬間を味わうためにこそ、モデラーたちは人生のほとんどの自由時間をつぎ込んでいるのです。

　幸せはさまざまな難関を突破してゴールにたどり着いた時に得られます。その幸福感を味わうため、我々モデラーは模型を製作します。自分自身を「モデラー」と呼べる人は、この趣味を通していかに幸福感を得られるかを熟知している人種といえます。
　そのプロセスは難しく、障害だらけ。しかし、それらを乗り越えて完成させた作品は、充分その労苦に答えてくれる産物であるはずです。
　コンテストやソーシャルメディアなどで完成品を発表することが製作の本当の理由ではないはずです。
　目標はシンプル。
　作品を作り、完成させてまた次の作品にとりかかる。常に新しいチャレンジを探している人間の人生そのものともいえるこの繰り返しが模型製作という趣味です。登山家や宇宙飛行士など、職業はなんでも構いません。自分のリミットを終えてゴールにたどり着いた時に人は喜びと幸せを感じます。
　そして私は今日も、皆さんと同じくモデラーとしての幸福を味わうために模型製作を続けています。

ミグ・ヒメネス

著者紹介／アモ・オブ・ミグヒメネス（ミグ・ヒメネス）
　1973年、スペイン生まれ。
　1995年からプロモデラーとしての作品を雑誌に掲載し始める。8年以上に渡る大学での研究成果を踏まえた、自然効果と風化に基づく独自の解釈を取り入れたモデリングに定評があり、その評価・人気は日本でもトップレベルにある。　2002年に最初のモデリング会社を創設し、顔料、フィルター、モジュレーションスタイルなどの多くの技術を開発。同時に南アフリカからロシア、日本、中国、そしてヨーロッパで出版されている18以上の模型雑誌に携わる。　2013年、アモ・オブ・ミグヒメネスを創立。高品質のウェザリング用マテリアルや数々の書籍を刊行している。
　現在もスペインを基点に全世界で活躍中。

AFVモデリングテクニック エンサイクロペディア
基本塗装とインテリアの演出編

AFVモデリングテクニック
エンサイクロペディア
基本塗装とインテリアの演出編

発行日	**2017年10月1日　初版第1刷**
著　者	**AMMO of Mig Jimenez S.L.　アモ・オブ・ミグヒメネス**
翻　訳	アーマーモデリング編集部
装　丁	九六式艦上デザイン
DTP	小野寺　徹

発行人	小川光二
発行所	株式会社　大日本絵画
	〒101-0054 東京都千代田区神田錦町1丁目7番地
	Tel. 03-3294-7861（代表）
	URL. http://www.kaiga.co.jp
企画・編集	株式会社　アートボックス
	〒101-0054 東京都千代田区神田錦町1丁目7番地
	錦町一丁目ビル4F
	Tel. 03-6820-7000（代表）　Fax. 03-5281-8467
	URL. http://www.modelkasten.com/
印　刷	大日本印刷株式会社
製　本	株式会社ブロケード

◎内容に関するお問い合わせ先: 03(6820)7000　㈱アートボックス
◎販売に関するお問い合わせ先: 03(3294)7861　㈱大日本絵画

Publisher: Dainippon Kaiga Co., Ltd.
Kanda Nishiki-cho 1-7, Chiyoda-ku, Tokyo 101-0054 Japan
Phone 81-3-3294-7861
Dainippon Kaiga URL. http://www.kaiga.co.jp.
ENCYCLOPEDIA OF ARMOUR modelling techniques Vol.2 INTERIORS & BASE COLOR
©AMMO of Mig Jimenez S.L. 2014
This edition published by Dainippon Kaiga Co.,Ltd. by arrangement with AMMO
of Mig Jimenez S.L.
Editor: ARTBOX Co.,Ltd.
Nishikicho 1-chome bldg., 4th Floor, Kanda Nishiki-cho 1-7, Chiyoda-ku, Tokyo
101-0054 Japan
Phone 81-3-6820-7000
ARTBOX URL: http://www.modelkasten.com/
Copyright ©2017 株式会社　大日本絵画
本書掲載の写真、図版および記事等の無断転載を禁じます。
定価はカバーに表示してあります。
ISBN978-4-499-23221-0

Publisher: **AMMO of Mig Jiménez S.L.**

Original Idea: **Mig Jiménez**

Coordination Enciclopedia: **Diego Quijano**

Texts: **Mig Jiménez**, **Diego Quijano**

Models & Photos: **Mig Jiménez, Diego Quijano, Enrique Calderón, Ricardo Rodríguez, Sergiusz Pęczek, Michał Walkowski, Jorge Paules, Jari Hemilä, Bernard Bassous, José Domingo Cabrera, Josu Jiménez, Carlos Cuesta**

Project Manager: **Carlos Cuesta**

Managing Editor: **Iñaki Cantalapiedra**

Cover Design: **Mig Jiménez & Antonio Alonso**

Layout & Graphic Design: **Jorge Porto**

Translations: **César Oliva & Iain Hamilton**

Real vehicles photographs: **Mig Jiménez**

Published in Spain
Printed in Spain
ISBN 978-84-945130-8-4

© 2016 AMMO of Mig Jimenez S. L. All rights reserved. No part of this publication may be reproduced or transmitted in any form or by any means, electronic or mechanical, present or future, including photocopy, recording or any information storage or retrieval system without permission in writing from the publishers.